DIANWANG QIYE GONGCHENG SHENJI
SHUZIHUA GONGZUO ZHINAN

电网企业工程审计数字化工作指南

国网安徽省电力有限公司蚌埠供电公司　编

中国电力出版社
CHINA ELECTRIC POWER PRESS

图书在版编目（CIP）数据

电网企业工程审计数字化工作指南 / 国网安徽省电力有限公司蚌埠供电公司编. —北京：中国电力出版社，2023.11
ISBN 978-7-5198-8306-5

Ⅰ. ①电… Ⅱ. ①国… Ⅲ. ①数字技术–应用–电网–工业企业–内部审计–指南 Ⅳ. ①F239.62-62

中国国家版本馆 CIP 数据核字（2023）第 215603 号

出版发行：中国电力出版社
地　　址：北京市东城区北京站西街 19 号（邮政编码 100005）
网　　址：http://www.cepp.sgcc.com.cn
责任编辑：雍志娟
责任校对：黄　蓓　常燕昆
装帧设计：郝晓燕
责任印制：石　雷

印　　刷：三河市百盛印装有限公司
版　　次：2023 年 11 月第一版
印　　次：2023 年 11 月北京第一次印刷
开　　本：710 毫米×1000 毫米　16 开本
印　　张：13.5
字　　数：211 千字
印　　数：0001—1000 册
定　　价：98.00 元

编 委 会

主　　编　李竹青

副 主 编　刘国敏　束　青　黄　河　张银江　杜永庆

编写人员　汪子林　刘　菲　张　清　张凌峰　曹培祥
　　　　　李正辉　郑倩倩　时　亮　刘　尧　王宇彦
　　　　　刘　凯　苑存超　刘　维　龚廷志　陈　辉
　　　　　杨学梅　邢海波　李伟峰　解　伟　侯　凤
　　　　　鲍　卿　邓小明　赵承康　程品龙　鲍　晓
　　　　　王　群　王美芳　任　嘉　吕小杰　储保平

前　言

随着电网企业互联网、大数据、云计算及人工智能的普遍应用，工程审计对象的数字化程度日益提升，更加需要工程审计的技术变革。数字化时代，工程审计对象日新月异，新业务流程、新技术环境对审计任务产生巨大影响。审计如何面对急剧变化的环境需求，创新审计模式，在数字化时代环境下揭示风险，成为审计人员面临的巨大挑战。

为适应数字化时代对电网企业工程审计的工作要求，培养高素质的工程审计人才队伍，我们组织审计专家总结工程数字化审计实践积累的审计经验，提炼研究成果，编写了本书。本书涵盖工程数字化审计工作必备的基础知识和管理实务，并具有较高的针对性和实用性，对从事电网企业工程数字化审计工作有较大的指导作用。

本书有以下几个突出特点。一是成体系。我们从电网工程审计历史发展出发，结合内外部研究，不仅给出了电网工程数字化审计的定义，还提出电网数字化转型必要性，指出了电网工程数字化审计实施路径，将电网工程数字化审计知识点体系化。二是重实战。我们在工程数字化审计探索多年，在第六章重点介绍电网企业数字化审计具体案例和经验，是纯纯的干货。三是有视野。我们将成熟的数据分析技术与审计检查相结合，运用数据中台、智慧审计等新技术，不断开拓和探索工程数字化审计的新前沿。

本书共八章。第一章内容为电网企业工程数字化审计概述，阐述什么是电网企业工程数字化审计；第二章内容为电网企业工程审计数字化转型，介绍为什么要开展电网工程数字化审计；第三章至第八章分别从电网企业工程数字化审计的基本条件、流程、应用、实务操作、未来展望等方面介绍如何开展电网工程数字化审计。

本书可为电力行业审计人员培训的参考手册，也可作为从事电网企业工程管理审计人员的工具书。

由于时间仓促，加之水平有限，书中难免存在疏漏之处，恳请读者批评指正。

编　者

2023 年 11 月

目 录

前言

第一章 电网企业工程数字化审计概述 ······ 1

第一节 电网企业工程项目特点和类型 ······ 1

第二节 电网企业工程审计范围与对象 ······ 7

第三节 电网企业工程数字化审计的基本概况 ······ 13

第二章 电网企业工程审计数字化转型 ······ 16

第一节 电网企业数字化的背景 ······ 16

第二节 电网企业工程审计面临的形势 ······ 21

第三节 电网企业工程数字化审计转型的内涵 ······ 24

第四节 电网企业工程数字化审计体系构建 ······ 27

第三章 电网企业工程数字化审计软硬件环境 ······ 31

第一节 数字化审计数据 ······ 31

第二节 审计作业平台 ······ 32

第三节 数字化审计专家团队 ······ 40

第四节 数字化审计工作室 ······ 41

第四章 电网企业工程数字化审计技术手段 ······ 44

第一节 数据采集与获取工具 ······ 44

第二节 数据处理与分析工具 ······ 50

第三节 可视化建模工具 ······ 68

第四节　新技术 ……………………………………………………80

第五章　电网企业工程数字化审计流程 ……………………………86
第一节　审前调查 …………………………………………………87
第二节　数据溯源 …………………………………………………88
第三节　建立审计中间表 …………………………………………91
第四节　建模分析 …………………………………………………92
第五节　疑点核实、取证 …………………………………………96
第六节　报告出具 …………………………………………………97
第七节　后续工作 …………………………………………………97

第六章　电网企业工程数字化审计应用 ……………………………99
第一节　工程前期阶段审计 ………………………………………99
第二节　招投标采购阶段审计 ……………………………………107
第三节　实施阶段审计场景 ………………………………………117
第四节　竣工验收及结决算阶段审计 ……………………………129
第五节　后评审审计场景 …………………………………………138
第六节　工程审计场景应用实例 …………………………………149

第七章　电网企业工程审计数字化管理 ……………………………182
第一节　电网企业工程审计数字化管理的目的和意义……………182
第二节　电网企业工程审计数字化管理内涵 ……………………185
第三节　电网企业工程审计平台系统 ……………………………189

第八章　电网企业工程数字化审计展望和探索 ……………………198
第一节　数字化技术展望 …………………………………………198
第二节　工程业务管理展望 ………………………………………201
第三节　数字化审计向数智化审计转变 …………………………203

参考文献 ……………………………………………………………206

第一章

电网企业工程数字化审计概述

电网企业是国家的重要基础能源企业，在保障国家能源安全和国民经济命脉，服务社会经济发展中具有重要的作用。国家“双碳”目标下，电网企业内部审计在发挥行业监督保障和促进组织价值增值作用方面愈发重要。本章主要介绍电网企业工程项目的实施内容、管理特点，电网工程审计实施内容以及工程数字化审计基本情况，让从事电网企业审计人员对电网工程项目管理有一个基本的认识，为实施电网企业工程项目审计提供借鉴。

第一节　电网企业工程项目特点和类型

一、电网企业工程项目特点

当前，我国经济建设发展取得了举世瞩目的成就，成为世界第二大经济体。电力作为能源行业是社会经济发展的公用事业和基础产业，电能的生产和消费事关国计民生，是国家的经济命脉。电网工程建设是国家基础设置建设的重要组成部分，是国家各行各业快速发展的基础。

与其他工程项目相比，电网工程建设项目在电力工程建设中占有很大的比重，具有投资额度大、管理环节多、建设周期长、涉及主体多与经济发展水平密切相关等特点。每年国家在电网工程建设中投入大量资金，“十三五”期间，国家电网有限公司和南方电网有限公司累计投入电网建设资金 2.85 万亿元，“十四五”期间，国家将投入资金3万亿元，全面加快电网发展，持续技术创新，推动能源电力从高碳向低碳、从以化石能源为主向以清洁能源为主转变，形成绿色生产和消费方式，助力生态文明建设和可持续发展。

电网工程建设是一项复杂的系统工程，按照总体流程，可分为项目前期、工程前期、工程建设与总结评价四大阶段，涵盖项目设计、设备材料采购、工程施工、安装调试、竣工验收、决算、后评价等多个关键环节；各个阶段需要综合考虑各种关键因素，实施建设过程中涉及国土资源、规划、环保、水利、林业、矿产资源、铁路公路、文物、市政、通信、气象、国防科技等相关部门。

电网工程项目参建主体多，包含电网企业各级相关专业管理部门，同时还有政府、承包商、监理单位、咨询公司以及金融机构等，项目管理涉及工程项目投资、进度、安全、质量、档案等多方面的工作，具有协调任务重、管控难度大等特点。

电网企业工程项目遵循“依法开工、有序推进、均衡投产”原则，从项目规划、设计、建设到竣工投产，建设周期长，期间会经历立项、可研、前期、初设、招标、开工、建设、竣工、决算等重要的里程碑节点，从项目建设周期或合理工期来看，特高压项目建设周期为2～3年，750kV工程合理工期16～19个月，500kV工程合理工期为15～18个月，330（220）kV工程合理工期为13～16个月，110（66）kV工程合理工期为10～13个月。

二、电网企业工程项目类型及实施范围

电网企业工程项目按照业务类别可分为电网基建、小型基建、技改、大修、科技、信息（数字化）、营销、运维等项目，每类项目都有不同的管理特点和工作内容。

1. 电网基建项目

（1）基本概念。电网基建项目是指为了满足经济社会发展的需求，优化和提升城市和农村电网网架结构，促进经济社会发展而建设的大中型电网设施项目。

（2）实施范围。大中型基建项目包含 35kV及以上电压等级输变电工程

（含新建变电站同期配套 10kV 送出线路工程）。

2. 技术改造项目

（1）基本概念。技术改造项目是利用成熟、先进、适用的技术、设备、工艺和材料等，对现有电网生产设备、设施及相关辅助设施等资产进行更新、完善和配套，提高其安全性、可靠性、经济性和满足智能化、节能、环保等要求而实施的项目。生产技术改造投资形成固定资产，是企业的一种资本性支出。

（2）实施范围。技术改造范围包括电厂设备、电网一次设备、厂站自动化系统、调度自动化系统、继电保护及安全自动装置、电力通信系统、自动控制设备、电网（厂）生产建筑物、构筑物等辅助及附属设施、安全技术劳动保护设施、非贸易结算电能计量装置、监测装置等。

3. 小型基建项目

（1）基本概念。小型基建项目是指为电网企业生产经营服务的调度控制、生产管理、运行检修、营销服务、物资仓储、科研实验、教育培训用房和其他非经营性生产配套设施的新建、扩建和购置的项目。

（2）实施范围。小型基建项目包括电网企业各级单位的运行调度控制楼、生产综合用房，输、变、配运检工区、检修试验工区办公用房，计量中心、供电服务中心、客服中心、供电营业所、营业网点等用房，生产库房及其附属用房，科学研究实验及其附属用房，技术（能）及经营管理培训用房等。

4. 设备大修项目

（1）基本概念。设备大修项目是指为恢复资产（包括设备、设施以及辅助设施等）原有形态和能力，按项目制管理的修理性工作项目。生产设备大修不增加固定资产原值，是企业的一种损益性支出。

（2）实施范围。设备修理范围是指与电力生产有关的生产设施及附属（辅助）设施，包括电厂设备、电网一次设备、厂站自动化系统、调度自动化系统、继电保护及安全自动装置、电力通信系统、自动控制设备、电网（厂）生产建筑物、构筑物等辅助及附属设施、安全技术劳动保护设施、非贸易结算电能计量装置、监测装置等。

5. 科技项目

（1）基本概念。科技项目是指服务于电网企业和电网发展而组织实施的研究开发项目，主要包括：新产品、新技术、新材料、新工艺、新标准、决策支持技术的研究以及试验能力提升和新技术应用等项目。

（2）实施范围。科技项目实施范围为重大关键技术及配套研究；基础性、前瞻性技术研究；重大设备首台首套试点、示范应用；重点先进适用技术研究、试验示范和推广应用；电网规划、设计、建设、运行和公司经营管理共性技术和应用技术研究；重大试验能力提升和群众性技术创新项目等。

6. 营销项目

（1）基本概念。营销项目是指为了落实电网企业决策部署、实施营销发展规划、保证营销业务正常运转，利用成熟、适用和先进的技术、设备等，提升营销服务能力水平或对营销设施、设备和装置进行改造修理而形成的相对独立的项目。

（2）实施范围。营销项目按照专业管理分类，一般分为：用电营业类、电能计量类、市场与能效类、智能用电类和供电服务类。

1）用电营业类项目主要包括与电费抄核收、营业业务、营销服务移动作业应用、互动服务渠道建设、营配调贯通和数据梳理、营业网点标准化建设与改造、营业厅服务提升、分布式电源接入和营销自动化等业务相关的项目。

2）电能计量类项目主要包括与电能计量装置、用电信息采集系统、“多表合一”信息采集、检测能力建设、计量体系建设及改造等业务相关的项目。

3）市场与能效类项目主要包括与电能替代、综合能源服务、能效与节能管理、市场化体系建设、需求侧管理、自备电厂、有序用电等业务相关的项目。

4）智能用电类项目主要包括与电动汽车充换电网络建设运营、充换电设施安全防护及升级改造、客户侧分布式电源服务及储能应用推广、智能用电推广等业务相关的项目。

5）供电服务类项目主要包括与95598供电服务、用电检查及客户用电安全管理、反窃电、稽查管理等业务相关的项目。

7. 电网数字化项目

（1）基本概念。电网数字化项目是指电网数字化领域内的咨询设计，信息系统开发实施、优化改造、更新升级、综合评估，数据资源接入、处理和应用，网络安全服务配套软硬件和数据产品购置等相关项目，范围涵盖基础设施、企业中台、业务应用、数据价值、全场景安全运行等方面。

（2）实施范围。电网数字化项目按照项目性质分类，一般分为咨询设计类、开发实施类、业务运营类、数据工程类、产品购置类等，实行分类管理。

1）咨询设计类项目包括电网数字化领域的顶层设计、总体设计、专项研究等咨询和设计项目。

2）开发实施类项目包括信息系统（平台）功能设计和利用各类程语言进行开发（含需求分析、系统设计和开发等工作），以及开发工作完成或购买套装软件后的配套安装、配置、调试和培训等工作的项目。

3）业务运营类项目包括以对系统运行、业务应用、用户行为等的常态统计分析为基础，开展系统优化改造、应用敏捷迭代、内容更新升级、网络安全服务、可研论证评估、后评估、绩效评估等相关工作的项目。

4）数据工程类项目包括对数据资源进行接入整合、加工处理和开发利用，通过数据分析挖实现数据价值的项目。

5）产品购置类项目是指支撑电网数字化建设的配套软硬件、数据产品购置的项目，主要包括机房基础设施、云平台建设、网络及安全设施、供应链及财务等管理类物联网关等。

8. 运维项目

（1）基本概念。电网运维项目是指为保障电网企业设备安全、可靠、稳定运行等实施的各类检查、安装、调试、验收、保养等相关项目。

（2）实施范围。设备运维管理包括生产准备和验收管理、设备巡视、检测、维护和通道管理、工作票和倒闸操作管理、缺陷和隐患管理、异常和故障处理、状态评价、运行分析、用户设备接入和移交管理、保供电管理、运维记录台账和档案资料管理等内容。

三、电网企业工程项目的管理要求

1. 进度管理

电网工程项目以进度管理为主线，遵循工程项目建设的客观规律和基本程序，科学制定合理工期，合理安排建设进度计划，严肃合理工期执行，实现依法开工、有序推进、均衡投产。电网企业内部管理部门根据职责分工对工程项目前期、工程前期、工程建设阶段等建设全过程关键节点的时间进行安排，确保工程项目建设任务的全面完成。

2. 安全管理

电网企业实行“以人为本、生命至上”的安全管理理念。各级单位将安全工作纳入本单位安全管理体系，实行主要负责人负总责和“一岗双责、党政同责”的安全生产责任制，建立健全安全保证体系和监督体系，实行安全目标管理，逐层签订安全责任书，在计划、布置、检查、考核、总结工程管理工作的同时，计划、布置、检查、考核、总结项目安全管理工作。

执行国家有关安全生产的法律、法规、标准，落实企业安全工作要求，制定企业内部安全管理制度、技术标准。组织开展安全管理标准化、基建安全风险防控、施工分包安全管理、安全教育培训、基建安全检查、竞赛交流工作。

3. 质量管理

电网工程项目秉承“创新、协调、绿色、开放、共享”的质量管理发展理念，坚持合理工期、合理造价、合格队伍，推行标准工艺，实施全寿命周期管理，建设“绿色、创新、经济、耐用”的优质、精品工程，持续提高项目质量管理水平和工程建设质量工艺水平。

电网工程建设依法接受工程质量监督机构监督，实行工程质量责任终身制。工程建设按照“谁主管、谁负责”的原则实行全过程质量管理，内部专业部门按照职责分工参与全过程质量管理并承担相应责任。物资部门负责设备材料采购、制造、储运及现场服务等环节质量管理；设备管理部门负责生产运行准备，参与基建质量验收；安监部门负责质量事故的调查处理。参与电网工程建设的勘察、设计、施工、调试、监理、制造等工作的各单位，按照国家有关工程建设的法律法规、内部相关规章制度及合同的要求，在工程设计寿命周期内承担相应的工程质量责任。

4. 技经管理

电网工程建设中，电网企业应落实工程计价标准，科学评价工程建设技术方案经济合理性，合理确定工程造价，有效控制建设成本，准确分析费用构成和变化趋势。电网企业技经管理主要包括：电网工程初步设计审批、过程造价控制、工程结算、造价统计分析、技经标准以及定额管理等。

技经管理工作遵循“依法合规、标准统一、科学合理、有效控制”原则。遵守国家法律法规、行业规范和企业规章制度；统一工程计价标准、统一技经管理业务流程；贯彻资产全寿命周期管理理念，加强工程方案技术经济比较，提高工作效率和效益；加强工程全过程造价控制，强化工程造价关键环节集约化管理，实现工程造价可控、在控。

第二节　电网企业工程审计范围与对象

一、工程审计基本情况

（一）工程审计历史

新中国成立之初，国家未设立独立的审计机关，在财政部门设立审计机构，中央各部门和大中型企业都在其财务司、处下设审计处、科等。1982 年，国家为了适应社会主义经济建设需要，重新设立审计机关，同时创立了基本建设审计（后改称固定资产投资审计）专业。基本建设审计试运行初期，是取“财务型审计”开路，即始于建设单位财务收支审计。随后，逐渐地转向建设项目“投资型审计”，进而发展成对固定资产投资项目建设全过程的技术、经济活动进行“全方位”审计监督。

（二）工程审计概念

工程审计是指由独立的审计机构和审计人员，依据国家现行法律法规和相关审计标准，运用审计技术，对工程建设项目的全过程的技术经济活动和建设行为进行监督、评价和鉴证的活动。

（三）工程审计的内涵

（1）工程审计主体是独立的审计机构及该机构所派人员，根据我国现行的审计体系，包括政府审计机关、内部审计机构和社会审计组织。

（2）工程审计的对象是工程项目，包括投资立项、勘察设计、招投标管理、合同管理、物资管理、工程实施、工程造价、财务管理、竣工验收、竣工决算和后评价等环节。

（3）工程审计客体包括工程投资者、建设单位、施工单位及相关设计、监理等相关单位。即工程审计既是对工程项目法人的管理等情况的鉴定、评价，也是对工程项目投资者做好投资的服务，同时也是对工程项目施工者的监督、检查和评价。

二、电网企业工程审计分类

电网企业工程审计，是指电网企业审计部门依据国家有关政策法规和公司有关规定，对工程项目的真实性、合规性和效益性进行审计监督和评价活动。电网工程审计范围涵盖工程内部控制和建设管理全过程。按审计目的可以划分为结算审计、决算审计、管理审计三大类。

1. 结算审计

工程结算审计（又称造价审计）即是对施工单位编制的结算进行审计，主要以合同为基础，在竣工验收后根据设计图纸、施工变更、工程签证、工程实物量，依据有关预算定额或清单单价作出符合施工实际的竣工造价审计结果。

2. 决算审计

工程决算是工程所发生的全部费用（建筑安装费、设备费、其他费用等），由项目单位编制。工程决算审计即是对项目单位编制的决算进行审计，主要是对竣工决算编制依据、项目建设及概（预）算执行情况、建设成本、交付使用资产、尾工工程、结余资金等进行审计。

3. 管理审计

工程管理审计是指对建设单位某一阶段多种多个工程各个环节进行检查与评价，提出建议，促进和加强工程管理水平。管理审计除应关注工程管理内部控制及投资计划管理、招标和物资管理等工程业务流程外，还应关注信息系统内部控制，同时探索对工程投资进行效益审计。

三、电网企业工程审计实施内容

电网企业工程审计范围主要包括投资立项审计、招投标采购审计、勘察设计审计、概算与预算审计、工程合同审计、工程管理审计、工程物资审计、竣工验收审计、竣工结算审计、工程财务管理审计、竣工决算审计、工程后评价审计等方面内容。

（一）项目立项审计

（1）基本概念。投资立项审计是指对已立项建设项目的决策程序和可行性研究报告的真实性、完整性和科学性进行的审查与评价。

（2）主要任务。投资立项审计的主要内容包括：项目规划编制可行性和合理性、审批手续的完整性、审查和评价可行性研究报告内容的真实性、完整性和科学性、项目核准备案手续是否完备、投资计划编制及下达及时性等方面。

（3）审计内容。投资立项审计包括电网规划、可行性研究、项目核准等方面的内容。

（二）勘察设计审计

（1）基本概念。电力工程勘察设计管理审计是指对项目建设过程中勘察、设计环节各项管理工作质量及绩效进行的审查和评价。

（2）主要任务。电网工程勘察设计审计的主要任务审查和评价设计（勘察）环节的内部控制及风险管理的适当性、合法性和有效性；勘察、设计资料依据的充分性和可靠性；委托设计（勘察）、初步设计、施工图设计等各项管理活动的真实性、合法性和效益性。

（3）审计内容。电网工程勘察设计审计的主要内容包括：勘察设计单位选定；初步设计编制和审批；施工图设计编制和审批；设计变更；竣工图编制、设计资料等。

（三）招投标管理审计

（1）基本概念。招投标管理审计是指公司系统内部审计机构和人员依据国家相关法律法规、公司内部制度，对电网建设过程中招投标过程的合法合规性、内部控制的健全有效性进行的审计。

（2）主要任务。电网建设工程招投标管理审计的主要任务：审查和评价招投标环节的内部控制及风险管理的适当性、合法性和有效性；招投标资料依据的充分性和可靠性；招投标程序及其结果的真实性、合法性和公正性等。招投标的范围包括电网工程勘察设计、监理、设备及材料采购、施工、服务等招投标环节以及招投标工作全过程。

（3）审计内容。招标投标审计的主要内容为：招标计划编制和审批；采购策略和招标方式选择；招标文件编制与审核；资格审查；开标、评标、定标。

（四）合同管理审计

（1）基本概念。电网工程项目合同管理审计是指对电网工程项目建设过程中各专项合同内容及各项管理工作质量及绩效进行的审查和评价。

（2）主要任务。合同管理审计主要是对电网工程建设过程中所涉及的监理、勘察设计、建筑安装工程等合同，包括合同的授予、签订、履行、变更、解除和终止等全过程，以及项目法人的有关合同管理制度和各项内部控制的审查和评价。审计的目标主要包括审查和评价合同管理环节的内部控制及风险管理的适当性、合法性和有效性；合同管理资料依据的充分性和可靠性；合同的签订、履行、变更、终止的真实性、合法性以及合同对整个项目投资的效益性。

（3）审计内容。合同管理审计主要包括勘察设计合同、施工合同、监理合同审计等方面内容。

（五）物资管理审计

（1）基本概念。电网工程物资管理审计是指公司系统内部审计机构和人员依据国家有关政策法规和公司相关制度，对电网工程建设物资管理各环节的内部控制和经营活动进行监督与评价。

（2）主要任务。电网工程建设物资管理审计的主要任务是：审查和评价采购环节的内部控制及风险管理的适当性、合规性和有效性，采购环节各项经营管理活动的真实性、合法性和有效性。物资验收、领用环节内部控制的有效性、项目耗用物资的真实性。工程废旧物资拆旧计划的合理性，回收的完整性，废旧物资移交、处置的内部控制的有效性。

（3）审计内容。电网工程物资管理审计主要内容为：物资管理岗位及内部控制、采购计划编制、采购及供应服务合同签订、出入库管理、价款结算、废旧物资管理。

（六）工程实施审计

（1）基本概念。电网工程项目实施审计是指建设项目进入施工阶段，审计人员对工作进度、施工质量、工程监理和投资控制情况所进行的审查和评价。

（2）主要任务。审计目标主要是审查和评价电网建设项目工程实施管理环节内部控制及风险管理的适当性、合法性和有效性；工程管理资料依据的充分性和可靠性；建设项目工程进度、质量和投资控制的真实性、合法性和有效性等。

（3）审计内容。工程实施审计的审计内容包括开工条件，工程安全、质量、进度和投资管理，建设场地征用和清理，环境保护，监理职责履行和分包管理等。

（七）工程造价审计

（1）基本概念。电网工程项目造价审计是指对建设项目全部成本的真实性、合法性进行的审查和评价。

（2）主要任务。电网工程造价审计的主要任务包括：检查工程价格结算与实际完成的投资额的真实性、合法性；检查是否存在虚列工程、套取资金、弄虚作假、高估冒算的行为等。

（3）审计内容。电网工程造价审计的主要内容包括：可行性研究估算、初步设计概算和施工图预算的审批与执行；招标价与合同价确定；施工结算编制与审核；设计变更和现场签证；设备材料价款结算及增值税抵扣；其他费用结算等。

（八）财务管理审计

（1）基本概念。电网工程财务管理审计是指电网企业内部审计机构和人员依据国家有关政策法规和公司相关制度，对电网工程建设资金筹措、资金使用及其账务处理进行审查，对工程建设成本核算的真实性、合法性、合规性进行验证进行的监督和检查。

（2）主要任务。电网建设工程财务管理审计的目标是审查财务管理工作及其内部控制的真实性、有效性、可靠性与全面性，检验资金流动是否合理和账务处理是否合规合法，从而保证工程财务核算真实反映工程建设情况，提供准确的会计信息。

（3）审计内容。电网工程财务管理审计的内容主要包括：财务管理审计主要包括资金管理、价款支付、会计核算、债权债务。

（九）竣工验收审计

（1）基本概念。《内部审计实务指南　第 1 号——建设项目内部审计》第三十六条规定：竣工验收审计是指对已完工建设项目的验收情况、试运行情况及合同履行情况的检查和评价活动。竣工验收审计目标是审查和评价电网建设工程项目总体检验和认证活动的规范性、完整性和真实性。

（2）主要任务。竣工验收审计范围涵盖工程竣工验收全过程，主要对工程验收资料的完整性、规范性，验收过程规范性，核查工程监理、合同承包商履职情况，审查隐蔽工程和特殊环节验收合规性，验收手续的完整性，检查项目试运行情况，以及合同执行完整性和有效性。

（3）审计内容。竣工验收审计内容主要包括验收审计、试运行情况的审计、合同履行结果的审计。

（十）竣工决算审计

（1）基本概念。电网工程竣工决算审计是指公司系统内部审计机构和人员依据国家有关政策法规和公司相关制度，对电网工程建设竣工决算的准确性、合规性进行的监督和检查。

（2）主要任务。电网建设工程竣工决算审计的任务是审查工程竣工决算的准确性、合规性，审查工程建设形成资产价值、各项其他费用分摊的准确性。检查工程建设竣工决算阶段内部控制的健全性、有效性，保证建设项目形成的资产完整、价值准确。

（3）审计内容。竣工决算审计的内容主要包括：建设资金情况审计、概算、结算、决算管理情况审计、资产价值审计、实物资产审计、竣工决算报告审计等。

（十一）工程后评价审计

（1）基本概念。电网工程后评价审计是指电网企业内部审计机构和人员对建设项目交付使用后，经过运营一段时间的有关经济指标和技术指标是否达到预期目标进行审查和评价。

（2）主要任务。后评价审计的目标是：对后评价工作的全面性、可靠性和有效性进行审查。包括项目的全过程回顾、项目绩效和影响评价、项目目标实现程度和持续能力评价、经验教训和对策建议等。

（3）审计内容。电网工程后评价审计的主要内容包括：后评价工作组织与实施；后评价报告的编制与审查等。

第三节　电网企业工程数字化审计的基本概况

一、电网企业工程数字化审计概念

电网企业工程数字化审计是以被审计单位计算机信息系统和海量数据为基础，审计人员应用计算机和信息化手段方法，对电网工程项目电子数据进行采集、转换、分析等，依据审计规则，把握审计重点，精确延伸，搜集审计证据，发现和诊断疑点清单，实现审计目标的方法。

二、电网企业工程数字化审计与传统审计区别

与传统电网企业工程审计相比，数字化审计则是对计算机业务信息系统

中体现出相关企业各类活动的具体数据开展相应的审查工作，然后进行审计证据的收集（主要采用数据分析手段来实现），由此到达其目标的审计方法。数字化类型的审计工作实际上是当前处于信息化条件之下在之前常规审计工作思路基础上的重大创新。

随着信息化技术的普及，电网企业 ERP、财务管控、营销 SG186 等多个业务系统上线，电网工程的基础数据在建设过程中实时创建、更新，为事后审计向事中、事前的转变提供了数据支撑，为审计嵌入管理链条，及时提示重大经营风险创造了条件，提前发现问题并将风险消灭于萌芽状态，使审计工作从防御为主向积极控制为主转变。

三、电网企业工程数字化审计优势

传统工程审计依赖审计现场手工翻查财务凭证、纸质工程档案资料，存在工作业务量大、效率低、真实性差等问题。而数字化审计工作具有明显的优势：

（1）数字化审计更具客观性。数字化审计是直接对获取的原始数据进行筛选、清洗、分析和对比，进而发现审计疑点的审计方法，其数据真实性好、可信度高，更能揭示初始问题。通过对未经过处理的数据进行审计，有利于提升审计结果的真实性和准确性。

（2）数字化审计更具科学性。通过对全量数据进行获取，能够做到系统性地对全部数据进行排查，先整体后局部、逐一排查、突出重点，有效避免了传统审计需要抽样的弊端，出具的审计结论更具科学性。对相应系统实施全方位的排查，进而可以更为精准的把握总体。

（3）数字化审计效率更加高效。在对信息化的数据远程获取的同时，要求审计人员可以借助计算机快速地分析与处理，这样可以极大地节省审计时间，提高工作效率，完成在传统审计条件下审计人员想做而不可能做到的事情。对各类非现场数据实施采集以及分析，有利于促进现场检查工作的实效性提升。

（4）数字化审计更具及时性。通过电网企业内部系统可以随时远程获取工程项目的数据资料，可以将事后审计合理提前，将单一的事后审计转化为事前预防、事中监督和事后审计，有助于促进电网企业动态监控质量的提升，更好地发挥内部审计的预防和监督职能，对促进审计工作的持续性提升具有积极意义。

第二章

电网企业工程审计数字化转型

电网企业传统工程审计在审计效率和审计手段方面已不适应数字化、智能化时代新要求，工程审计数字化转型是电力行业审计发展的必然趋势。本章介绍电网企业数字化发展历程、业务系统和平台应用等，结合工程审计面临的新形势、新要求，探讨如何构建工程数字化审计体系，推动工程审计由“线下”转为“线上”，实现数字化转型。

第一节　电网企业数字化的背景

（一）电网企业数字化发展历程

电网企业一直将数字化作为电网转型升级和企业创新发展的重要抓手，十几年如一日地持续推进。自“十一五”以来，通过三个五年发展，解决了数据获取从无到有、信息从分散向集中、业务从线下向线上转变的全过程。

在“十一五”阶段，主要解决从无到有的问题。所有的业务由线下到线上，包括人财物核心资源和设备、基建、营销等核心业务全部实现了信息化管理，也实现了部分数据采集的数字化。比如随着电力系统提升服务水准而将负荷控制系统发展演变成客户服务系统，并开展了电费、客户服务、业扩报装、电能计量和用电管理等系统开发，通过智能电表实现了用户用电信息的自动化采集。

在“十二五”期间，主要解决数据孤岛的问题，实现了由孤岛到集成、从壁垒到协同。由于过去电网企业对数据管理重视不够，信息不共享，跨部门、跨专业业务没有实现工作协同，造成了数据多头录入，每个口径统计的数据不同，不同系统间的标准和模型定义也不一致，数据需要经过转换才能交换使用，各系统集成度较低，形成数据孤岛。随着电网企业信息化进程的不断推进，标准化工作流程的统一编制，营、配、调业务系统数据的集中采录，跨系统不对应、不实时数据的联合整改，各信息系统逐步实现集中、集成和融合。

“十三五”期间，主要解决数据共享业务协同的问题。利用数字技术推动数据是向云端转化，应用系统逐步云化，力求实现数据充分共享、业务深度融合、系统安全可靠。电网企业已经在营销系统、生产管理系统、人力资源、财务等多方面启动了业务应用转型，在广度、深度、速度、跨度 4 个维度上为企业的数字化发展奠定坚实基础。在广度上，数字技术覆盖电网发、输、变、配、用全环节，贯穿规划、建设、运行、营销等全业务过程；在深度上，数字技术与业务的深度融合，持续促进电网企业数据价值释放，极大的引领技术革新和业务变革；在速度上，数字技术促进电网企业对内、外部环境的全面洞察和快速反应，实现数字技术对海量信息的接入、传输、存储和处理速度不断提升；在跨度上，数字技术有效推动电力行业与其他行业的广泛联系和跨界协作，支撑内外部服务撮合，催生平台经济，促进社会治理能力提升，支撑数字经济和数字中国建设。

“十四五”期间，电网企业将大力推进“智慧电网”建设，主要将通过“三融三化”和“三条主线”进行数字化转型升级。“三融”，就是信息技术、数字技术全面融入电网业务、融入生产一线、融入产业生态。“三化”，就是架构的中台化、数据的价值化和业务的智能化。“三条主线”，是指能源电力数字化、运营服务数字化、能源数字产业化。到 2025 年，实现电网生产数字化、企业经营数字化、客户服务数字化“三个转型”和创新能力、新兴产业“两个升级”。

（二）数字技术赋能电网企业数字化转型

电网企业相继出台数字化发展战略，不断融入新概念、新技术等丰富战略内涵，构建业务平台与配套性基础平台，实现“大云物移智链”（大数据、云计算、物联网、移动互联、人工智能、区块链）等数字化技术与电网业务的深度融合，赋能质量、效率、动力变革，推动企业高质量发展。

1. 赋能电网生产运营

电网企业全面推进数字技术在电网各环节、各领域广泛应用，提升电网智能互动和安全运行水平。推进规划建设可视化，融汇各类业务系统和数据，实现电网问题图上诊断、规划智能生成、项目在线审查、计划智能优选、报表自动生成，支撑公司配电网格科学规划和电网基建项目全过程精益管控。推进生产运行智能化，强化电网调度运行、生产检修等环节数字化管控，在调控领域打造新一代调度技术支持系统，实现电网运行状态全息感知、源荷资源可观可控和调控业务高效运转，有力支撑大电网安全稳定运行。在运检领域推广无人机自主巡检，实现设备巡视图像自动识别，形成“机巡为主、人巡为辅”的“机器代人”巡视模式。推进运营管理精益化，以数字化手段推进管理变革，实现电网运营全过程实时感知、精益高效，促进企业发展质量、效率效益全面提升。提高网络安全防护能力，推进“互联网+”技术与网络安全业务深度应用，自主研发集态势感知、安全管理、服务中台等于一体的全场景安全态势感知平台，实时感知全网受攻击状态，及时调整安全防护策略，提升网络安全防御能力。

2. 促进能源结构优化

电网企业建成全球规模最大的新能源云平台，为新能源规划建设、并网消纳、交易结算等提供一站式服务，引导新能源科学开发、合理布局。支撑服务源网荷储协调互动。依托数字化手段聚合各类可调节负荷、储能资源，实现灵活接入、精准控制，大幅提高电网灵活性和系统稳定性，提高新能源并网消纳能力。支撑服务绿电市场化交易。应用区块链、云计算、移动互联网等数字技术，搭建绿电交易平台，支撑开展百万市场主体、千亿千瓦时量级的绿电交易业务，满足市场主体的绿电消费需求，有效激发市场主体参与绿色电力交易热情。

3. 满足多元用能需求

电网企业利用数字化手段提升电力精准服务、便捷服务、智能服务水平，满足日益多元化、个性化和互动化的客户用能需求。助力满足电动汽车服务业务需求。建成全球覆盖范围最广、接入充电桩最多、“车–桩–网”协同发展的智慧车联网平台，为电动汽车用户提供便捷智能的充换电服务，实现“车–桩–网”高效协同互动，助推我国电动汽车产业发展。助力满足客户便捷互动服务需求。打造融合线上线下服务平台，全面推行线上办电、交费、查询等125项业务功能，实现服务一个入口、客户一次注册、业务一网通办。助力满足智慧能效服务需求。打造智慧能源服务平台，聚焦工业企业、公共建筑等客户，提供用能分析、能效对标、节能提效方案推介等服务，为客户降低运维成本。

4. 服务政府和行业治理

电网企业深挖电力数据资源“富矿”，积极开发“电力看环保”“电力看能效”“电力看‘双碳’”等一系列电力大数据产品，加强政企协同，服务政府决策和行业监管。积极开展碳监测。承建全国碳排放监测服务平台，聚焦碳排放、碳足迹等重点领域，创新电力看“双碳”大数据应用，有效支撑精准测碳、合理控碳。积极服务环保治理。深化与生态环保部门合作，开发智慧环保用电监测大数据产品，有效助力精准测污、科学治污。积极服务能源治理。建设省级能源大数据中心，汇聚水、电、煤、气等各类能源数据，服务能源资源优化配置和高效利用。有效服务行业企业改善生产工艺、改进生产方式。

（三）电网企业业务系统和平台应用

近年来，为了适应集约化精益化管理的需要，电网企业建成投运了大量的业务系统，积累了海量的业务数据，有效支撑公司主要业务运行，目前主要有调度运行、营销管理、生产管理、财务管控、电子商务平台、ERP系统、综合管理七大业务系统。

调度运行系统，主要关注电网安全运行和调度控制，系统功能涉及安全管理、稳定管理、调度运行、发电管理、交易管理、负荷管理、停电管理、网源协调等多个方面，为电网调度指挥提供技术支撑。

营销管理系统，主要关注电力营销的业务及管理层面，系统功能涉及业扩报装、计量管理、电费管理、收费管理、用电检查、营业稽查、线损管理等多个方面，为电力用户提供高效服务。

生产管理系统，主要关注电网资产的安全运行和电网项目的实施，系统功能涉及电网资源管理、资产管理、运维检修管理、项目管理、设备状态管理、配网建设管理等多个方面，为电网资产的全寿命管理和电网项目的稳步推进提供技术支撑。

财务管控系统，主要关注资金使用和费用开支，系统功能涉及预算管理、资金管理、费用管理、风险分析和控制、会计核算等，为资金使用安全和费用支出合理提供技术支撑。

电子商务平台系统，主要关注物资招标采购管理，系统功能涉及计划管理、采购管理、专家管理、合同管理、招标管理、供应商管理等多个方面，为物资管理集约化提供技术支撑。

ERP 系统，是电力企业建设的一体化集团企业资源计划系统，支持电力企业主要的核心业务流程，主要包括：销售与分销管理、生产管理、采购与库存管理、人力资源管理、财务核算与管理会计等，为电网企业融合各类业务应用、提升精益化管理水平提供技术支撑。

综合管理系统，如协同办公、邮件管理、绩效管理、经济法律、后勤管理、车辆调度等平台，为电力企业日常运营和协同协调提供服务，有效降低沟通成本、提升工作效率。

企业中台是一种实现公司核心资源共享化、服务化的理念和模式，从管理视角上强调“企业级”，站在企业级视角，破除系统建设的“部门级”壁垒，将资源、系统和数据上升为“企业级”，建立公司信息系统建设“企业级”统筹建设机制。电网企业的企业中台分为数据中台和业务中台。

数据中台是企业存放数据的地方，也是各类数据资源的汇聚中心、数据资产转化中心、数据价值发掘中心，满足横向跨专业、纵向不同层级的数据共享、分析挖掘和融通需求。业务中台是按照业务的视角，对数据中台划区，通过提炼出业务共性的能力，形成可复用的业务，如运检业务、营销业务等。

数据中台的应用，能实现能力复制、快速扩张。以分析应用为导向，统一数据标准，开展企业全域数据接入和融合贯通，打破各专业壁垒，实现各业务之间的数据融通。同时，通过数据交换与共享、服务共享，将数字电网边界扩展至国家工业互联网、能源产业设备供应商并向社会各个方面延伸。一方面，通过数据标准化处理，数据质量不断提高，沉淀为数据资产，并对不同业务场景开放；另一方面，数据中台能够提炼各业务线的共性需求，形成企业的共享资源服务，有效避免企业重复需求建设和资源浪费。

业务中台的应用，能实现资源共享和能力复用。按照“支撑业务、沉淀共享、急用先行、问题导向”的原则，将具有共性特征的业务沉淀形成数字孪生电网平台共享业务服务。各系统不再单独建设共性业务服务，改变按传统部门视角划分业务导致的业务壁垒，将各个核心业务中共性的内容整合为多个可被直接调用的共享服务，实现各业务前端应用的高效创建和迭代。各业务部门的信息系统建设工作将从专注于内部功能需求为主向为公司全局提供专业服务能力为主，从而支撑公司从全局视角对业务进行统一管理和共享使用，以共享服务实现业务协同，提升企业用户需求响应能力和前台规模化创新能力。

第二节 电网企业工程审计面临的形势

（一）数字化审计新要求

审计效率的提升对数字化审计提出新要求。传统审计工作一般都是“事后审计”，对于企业的审计工作往往存在一定的“滞后性”，严重限制了审计工作实效性价值，同时也不利于审计工作水平与质量的提升。然而在大数据环境下，利用计算机网络信息技术、数字化技术的支持下，企业运营数据由“纸质化”逐渐转变为了“电子化”，更有利于对这些数据进行统一的挖掘分析，相关信息的分析结果也能够实现每日更新甚至是实时更新，传统审计工作的“滞后性”这一缺陷，迫切要求数字化审计的产生和发展。

审计模式的改变对数字化审计提出新要求。传统的审计工作主要围绕一些主要的审计信息资料，并辅以相关专家根据个人经验进行企业风险评估、预测，具有一定的“主观性”“不确定性”及“片面性”，然而在大数据环境下，迫切要求数字化审计的有序推进，通过构建基于大数据的联网审计平台，构建大数据采集应用机制，从而有效实现审计工作的“全覆盖”，使得企业审计更加客观，更加科学，更加准确。

审计队伍的建设对数字化审计提出新要求。大数据环境下为企业审计工作人员提出了更高的要求，在大数据环境下，面对海量的企业审计数据，传统以人工为主的审计手段已经无法满足审计要求，需要掌握最新的大数据审计方法，要求审计人员熟练运用各种数据库如 MySql、Oracale 等数据库，运用审计系统、互联网审计系统等，不断提升综合能力及素质，以适应数字化审计的新要求。

（二）数字化审计新挑战

贯彻落实国家方针政策对数字化审计带来新挑战。2017 年，“数字经济”正式被写入党的十九大报告。2018 年 5 月 23 日，习近平总书记在中央审计委员会第一次会议做出了“努力构建集中统一、全面覆盖、权威高效的审计监督体系”等一系列要求，为做好新时代审计工作指明了前进方向，提供了根本遵循。新时代下党和国家对审计工作的新思路、新要求，促进企业内部审计逐渐向数字化转型，通过建设数字化审计平台、开展非现场数据分析和持续审计，不断创新工作方式方法，积极适应数字化管理现状和大数据应用的要求，推动内部审计工作发展和提升。

迎接日趋严格的外部监管对数字化审计带来新挑战。电网企业作为关系国民经济命脉和国家能源安全的国有特大型骨干企业，接受中央巡视、政府监督监管和社会舆论关注已成为新常态。仅从审计监督来说，党的十九大以来国家不断完善国有企业和国有资本审计监督体制机制，实行“高质量推进审计全覆盖”，突出对“管理使用公共资金、国有资产、国有资源的相关地方、部门和企事业单位无一遗漏、无一例外、全面覆盖”的审计重点。2021 年全国人大常委会审议通过了新修改的《中华人民共和国审计法》，中央审计委员会办公室、审计署印发了《“十四五”国家审计工作发展规划》，对构建集中统一、全面覆盖、权威高效的审计监督体系提出了新要求。面对新的迎审形势，唯一的出路是建立和应用好数字化审计平台，更有效、更全面的开展数字化审计工作，以高于审计机关的审计范围、深度、频率，高标准开展内部审计，保障企业依法治理、防范风险。

适应公司精益化管理要求对数字化审计带来新挑战。随着电网企业的信息化和智能化程度日趋完善，公司内部的组织形式、管理体制、控制要点等发生了重大变革，内部审计的环境、技术和方式等将随之发生深刻的变化，只有加速推进数字化审计工作，才能不断满足内部审计模式转变的需求，推动企业审计管理手段由落后粗放向先进精益转变，更好地发挥审计监督与服务作用。

（三）数字化审计新机遇

数字化转型为数字化审计带来新机遇。数字化转型是电网企业发展的必然趋势，习近平总书记提出“构建以新能源为主体的新型电力系统”的重要部署，强调“要把握数字经济发展趋势和规律，推动我国数字经济健康发展”。国家“十四五”规划将“加快数字化发展、建设数字中国”作为独立篇章，明确提出要提高电力系统互补互济和智能调节能力，加强能源领域数字化应用。电网企业作为大型央企，必须践行国家大政方针，加快数字化转型，推进电网生产、经营、服务等全业务数字化升级，充分激发数据要素价值，打造具有电力特色的数字化产业集群。数字化转型为远程审计、非现场审计、持续审计、敏捷审计等新审计方式的发展带来了前所未有的创新发展机遇，推动审计加速进入数字化转型的快车道。

数字化技术应用为数字化审计带来新机遇。在不断的发展过程中，审计监督开始从原本的事后审计朝着事前和事中审计转变，全量审计得以推广和普及，数字化技术的出现，为审计工作转型发展带来了新的机遇，运用数字化技术查核问题、评价判断、宏观分析，将数字化技术多样化、快速化和海量化特点与审计监督工作结合起来，能够帮助审计人员更好地完成目标锁定和风险预测、量化评估等工作，有助于数字化审计的顺利实现。面对新的形势，急需建立和应用好数字化审计平台，更有效、更全面的开展数字化审计工作，高标准开展内部审计，保障企业依法治理、防范风险。

第三节　电网企业工程数字化审计转型的内涵

（一）数字化审计特征

数字化审计是以被审计单位计算机信息系统和底层数据库原始数据为切入点，在对信息系统进行检查测评的基础上，通过对底层数据的采集、转换、清理、验证，运用查询分析、多维分析、数据挖掘等多种技术等方法构建模型进行数据分析，发现趋势、异常和错误，把握总体、突出重点、精确延伸，从而收集审计证据，实现审计目标的审计方式。数字化审计的主体、技术方法、内容具有以下特征：

数字化审计的主体为电网企业各业务系统的电子数据。可将数据划分为数值型以及非数值型等两种不同类型的数据。前者主要涵盖了财务、营销、运检、调度、物资等各个业务系统的业务数据，而后者则涵盖了影像资料、签证、合同、纪要以及报告等方面内容。上述两种类型的数据组成了数字化审计工作所面向的对象，数值型数据为审计人员提供了一些审计工作中的相关疑点，同时提供一些重要的线索；而对于非数值型的数据来说，有助于把握相关数据的重要信息，并且通过分析而得到审计工作的重要思路，所以起到了一定的补充作用。

数字化审计的技术方法发生了质的变化。有别于传统工程审计对纸质资料的核查，电子数据分析与处理是开展数字化审计工作中的关键特征之一。当借助相关的信息系统以远程的方式来得到数据资料进行数据清洗和处理由此将审计方面的中间表以及数据库有效地关联起来，从而进行有关的数据分析模型的构建，接着进行审计证据的收集工作，最终达成该项工作的目标。

数字化审计的内容进一步拓展。传统工程审计基于现场抽样，审计内容是选取具有代表性的数据以获得最多的审计信息，数据量一般偏小。而对于数字化类型的审计工作来说，则可以实现全样本审计的目标，其涉及的内容则有业务系统以及全量数据方面的综合性审计工作，数据量大大拓展。随着不同专业领域数据的信息集成，不同的业务系统之间也发生了更为紧密的联系，所以进行审计的具体相关内容也会被拓展至此类信息系统方面的审计，使全样本审计成为可能。

（二）数字化审计优势

数字化审计丰富了传统审计的功能，使大数据、云计算技术全面应用到生产到经营的全过程，在审计时间、工作效率、审计结果、审计范围、审计对象、审计效能方面具有明显优势。

审计时间大大缩短。在展开数字化审计的过程中，主要是将原始数据和信息系统来作为依托，能够灵活地控制审计工作的开始时间，在进入现场后，相关审计人员就能够开展数据的归集整理。在展开传统神的过程中，其通常会通过抽查的方法，来对凭证、账簿、报表等进行审计，这些大都经过了人为的加工，并且审计人员必须要见到实物之后，才能够实施审计工作。

工作效率显著提升。数字化审计能够有效打破传统审计方式对时间和空间的限制，能够运用数字化手段和信息技术对大量数据进行有效分析查证，实现远程审计，改变传统审计现场工作的方式，将审计人员从机械性的账务查证工作中解放出来，有效提高工作效率。

审计结果真实可靠。传统审计方式的局限性使得审计结果很容易受到人为因素的干扰，因此，会在一定程度上影响结果的可靠性和真实性。而数字化审计利用计算机对数据进行分析审计，结合审计目标给出相关建议，所选择的审计对象也是最初的底层原始数据，结果会更加客观真实可靠。

审计范围有效拓展。传统审计受到各种因素影响只能够采用抽样审计的方式进行分析查验，因此，存在一定误差，无法全面、真实、系统、客观地了解被审计单位当前存在的问题。而数字化审计可以更加系统而全面地掌握所有数据，对底层数据实现全面排查，从而有效实现全量审计。

审计对象不断丰富。从数字化审计来看，它主要是利用对大规模数据的系统性分析，来综合审计信息，最后得出审计意见，从而形成完整的审计报告，在此审计方式当中，所要审计的对象为原始数据。就传统审计来看，它的审计对象通常为企业的会计报表、账簿以及凭证等，基本上都经过了人为的处理，因此，资料的真实性难免会受到影响。

审计效能持续提升。一般来说，传统审计是事后工作，对于审计时效性有很大影响，也在一定程度上削弱了审计工作的预防监督效果。而数字化审计则能有效实现审计方式改革，将事后审计向事中审计转变，实现对被审计单位的动态持续监督，有效发挥审计监督效能。

（三）数字化审计主要做法

数字化转型主要包括组织转型、审计模式转型、平台转型、观念转型、生态转型。

1. 组织数字化转型

组织数字化转型是指要逐步引入并加大“数据、技术”比例来决定审计项目确定、审计团队构成的管理模式。审计项目确定方面要以人工制定计划为驱动的项目立项的单一模式，转变为以数据驱动为主、计划为辅的审计项目立项模式。审计团队构成方面要由单一审计人员团队模式向既有审计审计人员还有数据科学家、IT 技术专家等构成的，构建一个跨专业、多部门、大协同的精干高效联合审计数据分析团队。

2. 审计模式数字化转型

审计模式数字化转型是指运用数字化技术，依托数字化平台出具数据分析结果报告和疑点线索表单，基于报告和表单锁定的范围，开展更精准的数字化审计查证过程，总体分为建立模型、汇集数据、数据分析、数据开放共享四个阶段。

建立业务研究及模型。业务分析家和审计人员共同梳理各板块业务体系、关键业务流程、主要的风险控制点，建立一个业务全覆盖、规则全嵌入、内外统管的纵横交错的业务模型。

汇集电子化数据。建立数据采集接口和协议，定期或自动采集数据到审计数据中心，按照数学模型的规范和要求对数据进行清洗、加工等预处理，实现各类数据的统一管理。

开展数据分析。利用已经实现的数据分析程序、可视化的操作界面和自动化的报告工具，对全业务流程开展历史数据集中分析、实时数据在线监控、未来数据趋势预判全链条全覆盖审计，出具集中分析问题报告、风险预警报告和趋势发展报告。

推进数据开放共享。加强与业务部门沟通，逐步优化和完善数据模型、逻辑规则等，推进数据开放和共享，实现审计成果的多维度、多层次、全面、集中展现和共享，逐步形成“互通有无、一审多用、一果多用”的透明、共享体系。

3. 平台数字化转型

平台数字化转型是在传统的、基于数据库技术上逐步构建基于数据仓库、数据湖转变，并运用云计算、大数据、人工智能等新型信息技术进行数据加工、处理、分析的数字化审计云平台。

4. 观念数字化转型

通过数字化审计的推进，建设高素质专业化的审计队伍，切实提升审计专业能力、大数据审计能力、应用信息化的能力，根本上要求审计领导干部要带头强化大数据审计思维，带头增强数据先行的观念，普通审计人员也要积极、努力参与数据分析技术的学习、应用等活动，逐步培养数据分析和处理的能力，能够从灵魂深处主动接受、并以实际行动参与到数字化审计转型工作中来。

5. 生态数字化转型

生态数字化转型是指内部审计各项转型，如组织转型、审计模式转型、平台转型、观念转型等不是一个个孤立发展，而是由其构成的一个相互促进、相互制约、环环相扣的数字化审计生态圈。观念转型是前提、平台转型是基础、组织转型是保障、审计模式转型是根本。其中任何一个环节都必不可少，当其良性发展，就会构建一个能够为审计提供高质量服务的数字化审计生态链。

第四节　电网企业工程数字化审计体系构建

电网企业工程数字化审计体系是指电网企业的工程设计、建设、运营和维护等阶段，应用数字化技术和审计方法，对电网企业工程开展全面监管和审核的管理体系。该体系以“战略 + 平台 + 数据 + 审计服务”为框架，旨在推动数字化审计从单点业务环节向业务流程全链条、单一业务领域向跨专业综合分析、离散审计主题向系统场景体系全面拓展和突破，助力工程审计数字化转型。该体系构成主要包括电网企业工程业务系统及数据、工程数字化审计平台、工程数字化审计工作室、工程数字化审计团队、工程数字化技术手段。

（一）电网企业工程业务系统及数据

工程按照审计习惯，分为基建、配农网、生产性大修、生成性技改、非生产性大修、非生产性技改、小型基建等七个大类，并根据项目阶段分为前期、实施、结决算、运行（后评估）等四个阶段。公司工程数字化审计中间表也是按照以上维度分别接入了相应的业务系统数据。

工程领域相关数据存在来源多、质量参差不齐的特点，这对开展数字化审计提出了较高的要求，受数据质量影响而造成疑点准确率较低。因而在开展工程领域数字化审计时，审计人员对获取的业务数据质量要有基本判断，对于质量较差的管理类数据，可用于缩小疑点范围，多实用趋势分析、对比分析的方法，可尽量少使用直接筛查的方法。

（二）工程数字化审计平台

数字化审计平台涵盖近年来公司工程业务系统全量数据。通过数字化审计平台，审计人员可以综合运用数据中台工具、平台通用模型和业务系统功能点等平台要素，开展数据交叉验证，保障验证质量。数字化审计平台以数据应用落地为导向，全面梳理验证审计中间表、模型，服务于审计日常工作管理，服务于审计作业实施，提供审计辅助分析支持，实现信息共享、全程控制、在线监督和辅助分析“四项功能”，为审计关口前移，开展过程审计、在线审计和非现场审计创造条件。

同时，依托数字化审计平台，建设智慧审计指挥中心，打造智慧审计系统，在数据、技术、模式、人员、业审联动等方面联合发力，推动审计管理方式、项目组织模式、审计技术和方法等方面持续创新，工程数字化审计生态向更开放、更智能、更实用的良性循环转变。

（三）工程数字化审计工作室

数字化审计工作室是开展数字化审计的作战室和指挥室，数字化审计工作室是专门用于实施数字化审计作业、开展数字化审计培训、推进数字化审计建设和创新等事项的工作场所，满足一定规模的审计人员开展集中办公、召开现场或远程视频会议、展示各类审计成果等综合性功能，是开展全数字化综合审计的作战室和指挥室。

数字化审计工作室，可以全面指挥、调度公司审计项目实施。应用视频会议系统支撑非现场审计进点会、沟通会、访谈等。视频系统与现场审计组实时互动交流，快速响应审计需求，异地“面对面”进行远程核实，形成“审计作业统一指挥、审计过程在线管控、审计信息实时传递、审计结果实时汇报”审计作业新模式。

（四）工程数字化审计团队

数字化时代呼唤数字化审计，审计部门要加快建设“懂业务、通技术”业技融合的数字化审计人才队伍。培养具备工程数字化能力的审计人员和建设适应企业内外部环境变化的新型审计团队是内审数字化转型的关键要素，也是转型中需要长期持续推动的重要工作。

以相对固定+灵活机动为原则，以系统专业审计力量为主，审计柔性专家团队成员为支撑，数据、技术、专业力量为保障，组建纵横协同审计项目团队，主要包括以下几个方面：审计专家团队、审计柔性团队、技术保障团队。

（五）工程数字化技术手段

工程数字化技术手段是利用数据挖掘、机器学习等技术，对电网工程项目的各项数据进行分析和评估，发现潜在的问题和风险，并提出相应的改进建议。包括数据采集与获取工具、数据处理与分析工具、可视化建模工具、信息化管理系统等。

数据采集和获取是指通过信息技术手段收集、提取和整理原始数据的过程，是数字化审计的基础。数据处理与分析工具是用于数据分析清洗、转换、计算和统计等方法，提取有用信息。可视化建模工具是利用图形化界面构建数学模型和仿真系统方法，便于用户更加直观理解。信息化系统是通过建立信息化管理系统，对工程项目进行全过程监管和跟踪，保证审计的全面性和准确性。

第三章

电网企业工程数字化审计软硬件环境

第一节 数字化审计数据

数据是数字化审计的基础，数字化环境下的审计，要求审计人员不但熟悉了解业务，还需要对业务产生的数据情况有所了解，并对所产生的数据质量要有所掌握。

1. 审计中间表概念

审计数据以数据中台数据为基础，利用数据采集技术，将工程系统数据定时采集至数据中，在此基础上构建公司工程审计中间表，搭建全业务要素数据环境，全方位支撑审计作业模型及管理决策分析。为进一步提高审计分析效率，将萃取后的源数据进行进一步筛选、归纳和整合，形成了数据集合，被称作审计中间表，这是一种面向审计分析的数据存储方式。审计中间表，是基于数据中台共享层构建的，表现为企业级模型表数据及标准表数据。与从业务系统获取的源数据相比，审计中间表在源数据的基础上，根据所需审计场景在数据中台分析层建立的阶段性分析逻辑及分析成果，可直接用于数据分析，支撑通用审计模型和自主建模的模型，是构建审计分析模型的基础。审计中间表将前端业务系统数据进行汇集后，可以在 BI 工具的环境下对各类数据表进行查询分析，统一使用中文的数据表头以方便审计人员解读，支持大规模数据分析、筛查，有效降低了审计人员数据分析门槛。同时，审计中间表将数据抽取与模型逻辑计算过程进行了有效隔离，模型不再因原业务系统的迭代而失效，需对中间表的个别数据字段接入路径进行调整即可使用，减少了审计模型数据路径的调整，保障了模型数据的连贯性。

2. 审计中间表作用

（1）提升审计效率。审计中间表的建设是将数据的采集、转换、清理、验证的工作在日常运维中开展，以缩短建模时间。通常审计建模开发时间较长，且需要专业技术人员主导，从需求产生到项目立项、数据溯源、逻辑编写、疑点生成等流程，需要几周甚至更久，且每次数据与逻辑验证均需要较长时间。而使用审计中间表，可以在日常开展数据治理工作，一旦审计人员需要建模，可以使用建模工具直接获取数据，快速建模。

（2）降低审计人员数据分析门槛。传统方式审计建模，需要有一定的数据库、SQL 语言、Python 语言等专业技术基础，还需要参考业务系统数据字典和业务数据逻辑关系，既要懂技术、数据，又要懂业务，因此审计人员几乎不能单独完成建模。审计中间表主要将各业务系统数据汇聚后，并可以用中文表头进行展示，表内码值均已替换为中文，方便审计人员解读表的内容。在使用审计中间表结合 BI 可视化工具，可以让审计人员较轻易地开展大数据量数据分析。

（3）数据维护与模型构建隔离，避免业务系统升级造成模型失效。以往审计模型在运行一段时间后，由于原业务系统审计迭代，致使审计模型无法取数，且业务系统往往并不通知审计部门，导致模型失效的情况时有发生。审计中间表的建立，让取数与模型逻辑计算进行了分离，若原业务系统迭代，只需要调整审计中间表的数据接入，无需更改审计模型，并不会因业务系统迭代审计导致数据不连贯。

第二节　审计作业平台

坚持以战略引领，构建多功能的审计作业平台，实现远程与国网总部及所属地市公司三级信息实时交互、作业实时协同、风险实时预警、成果实时展示。指挥中心集成开发了审计数据标准体系、智慧审计知识库、智能审计助手、可视化建模工具、疑点拆分工具、问题整改跟踪管理工具等数字化作业与管理工具，大幅提升了审计工作的标准化、智能化水平。

1. 审计作业平台的作用

以“战略+平台+数据+审计服务”为框架，以信息主导、数据驱动、技术引领、价值创新为特征，集审计作业系统、远程信息交互与指挥、成果综合分析展示、案例情景培训等为一体的智慧审计工程蓝图，建设了国网系统内首创远程、全量、跨域的“一站式”的智慧审计系统，实现数据全量获取、疑点数据一键式获取、可视化场景灵活搭建、实施远程扫描、疑点智能分发、问题闭环整改一体化，开创了“全量审计、前置审计、远程审计、跨域审计”的审计新模式。

2. 审计作业平台的功能

审计作业平台主要包括智慧审计中枢、审计数据标准体系、模型池、智慧审计知识库、数字化全审计场景体系、可视化建模工具、审计问题整改、工程审计管理等功能。

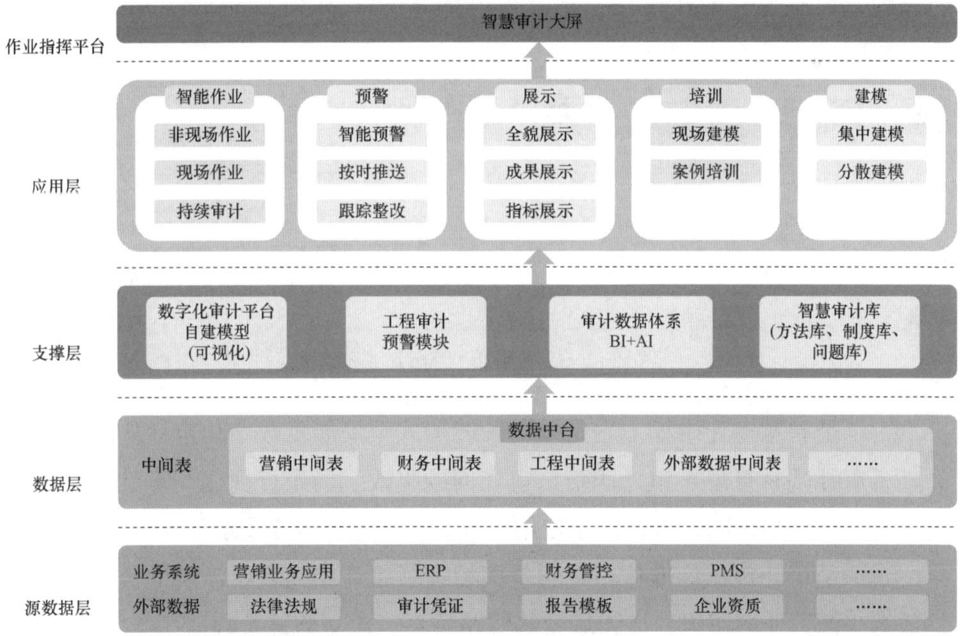

图 3－1　智慧审计工程蓝图

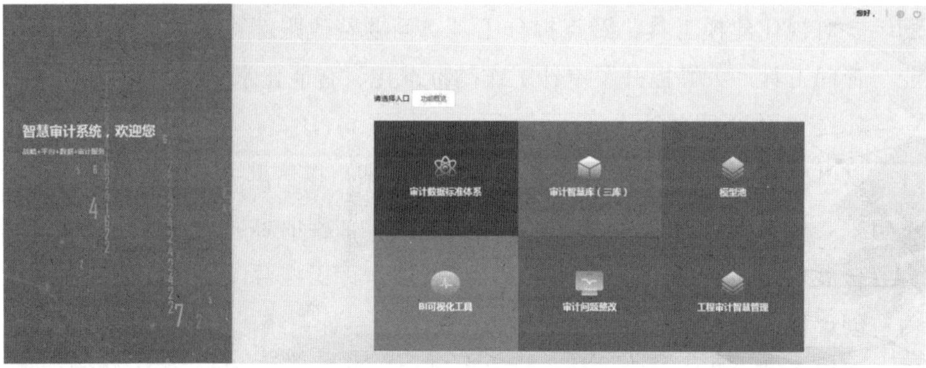

图 3－2　智慧审计 V1.0 系统首页

图 3－3　智慧审计 V2.0 系统首页

一是智慧审计中枢，它是以驾驶舱形式全局展示数字化审计实时情况，具备审计项目管理、审计职责、审计问题整改、场景可视化、审计数据标准体系、审计知识库、审计场景应用情况、监控预警等多功能展示。

二是审计数据标准体系，它全面梳理了审计中间表所涉及的数据字典、数据来源、业务逻辑、审计场景等链路关系，建立全链条数据血缘关系图谱，明确审计场景、审计中间表与风险点的对应关系，提升数据可读性和易用性。

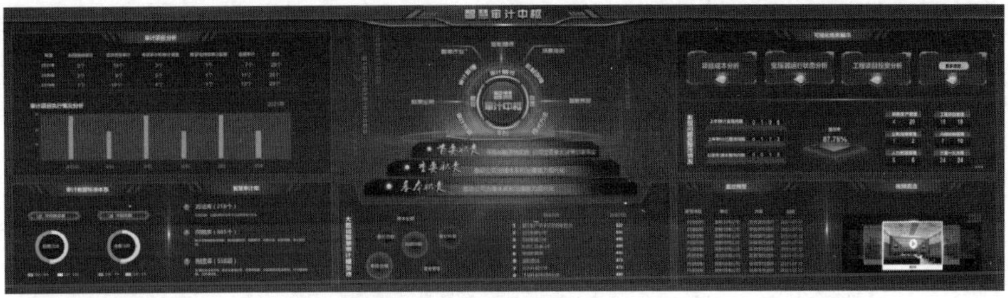

图 3－4 智慧审计中枢

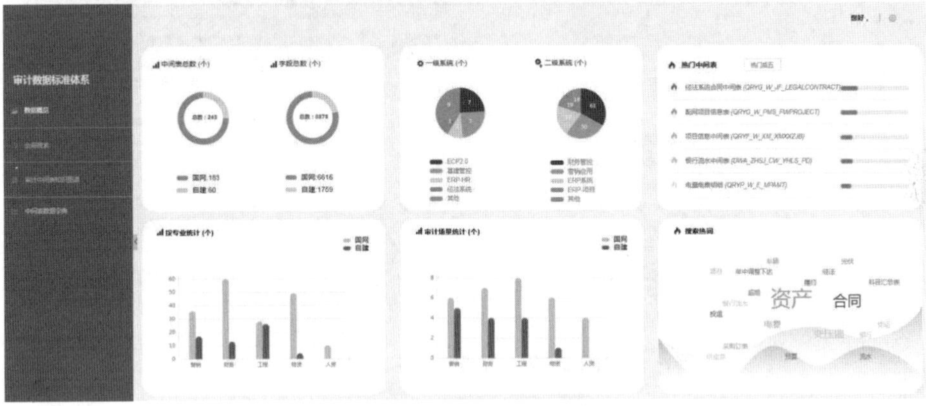

图 3－5 审计数据标准体系

三是模型池，基于数据中台强大的运算能力，建设的审计模型，它实现了“一键式”审计疑点数据获取，满足了任期经济责任审计、全数字化综合审计、持续审计和专项审计等各类审计项目要求。

图 3－6 模型池

四是智慧审计知识库，建设了审计制度库、方法库、问题库，具有模糊检索、精准搜索、智能匹配功能，它是以方法库为标准，审计中间表为支撑，跨域审计场景建设为目标的综合应用体系，指导高效开展各类审计项目，实现审计标准化、流程化、智能化。

图 3－7　智慧审计知识库

五是数字化全审计场景体系，以模型为基础，基于电网运行和企业经营两个维度，充分发挥审计信息汇聚、专业跨界和独立性优势，为保障党和国

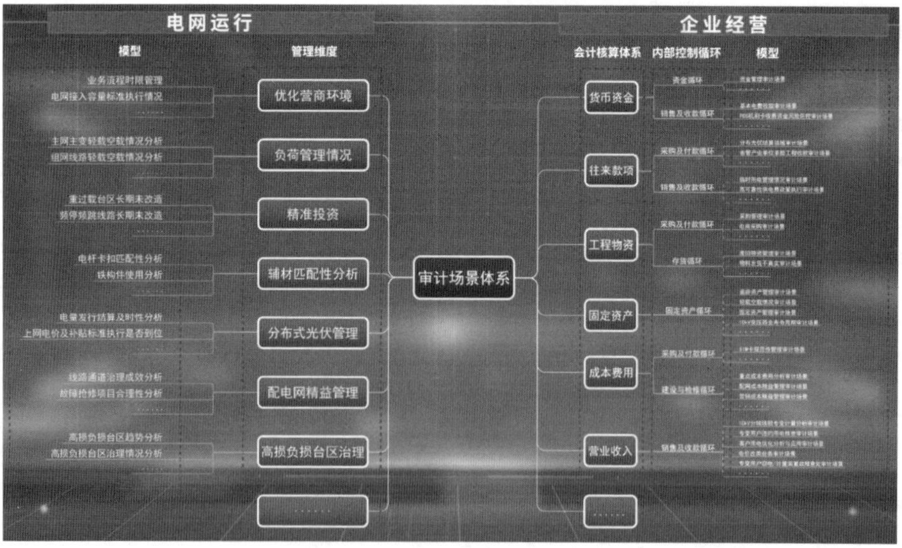

图 3－8　审计场景体系

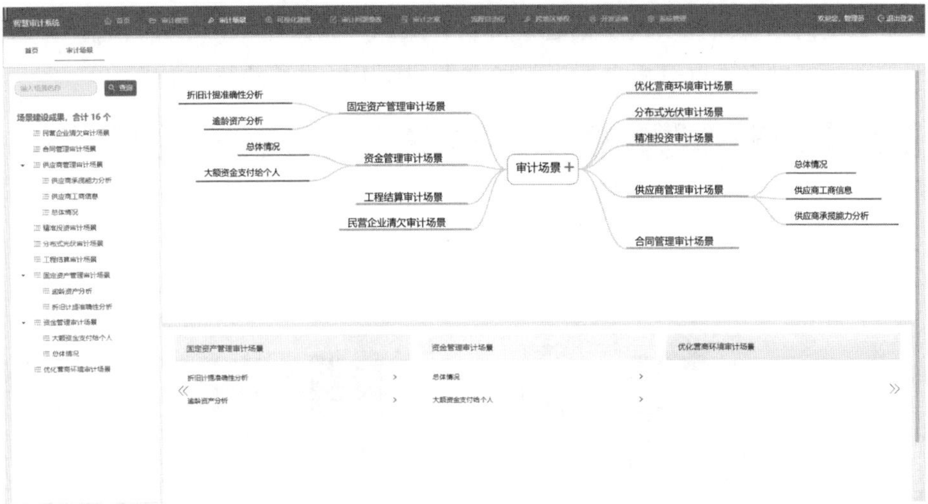

图 3-9　审计场景功能

家重大政策落地、推动公司治理体系和治理能力提升、强化公司经营管理风险防范，具备拓展、融合原场景，演变新场景的智能化能力，集“象-数-理”为一体的数字化全审计场景体系。

六是可视化建模工具，审计人员可通过简单、直观的引导、拖拽和配置，即可完成需要具备一定数据分析编程基础的操作，实现数据统计分析、报表制作和多维度可视化展示，降低了建模门槛，配合审计数据标准体系，使得审计人员能够快速上手并实时建模。

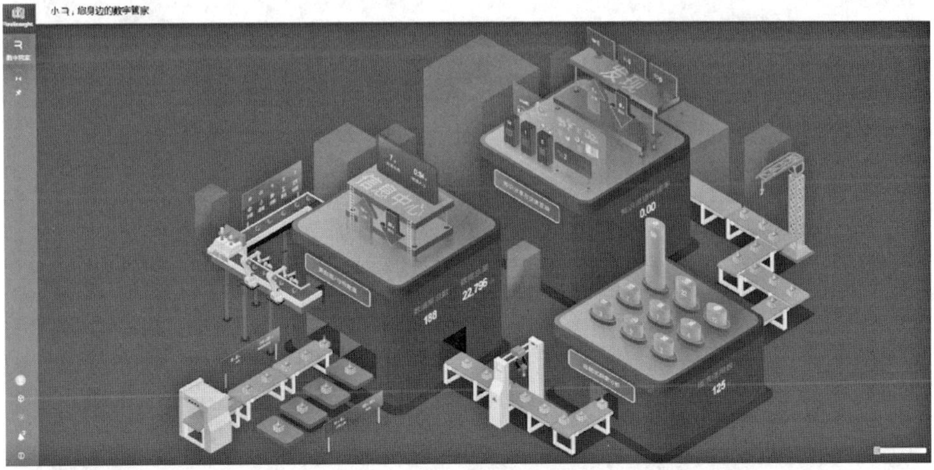

图 3-10　可视化建模工具

七是问题整改，实现了问题从确认、跟踪、整改到归档的全过程闭环管理，同时通过多维度分析来揭示问题产生的原因并进行趋势比对。

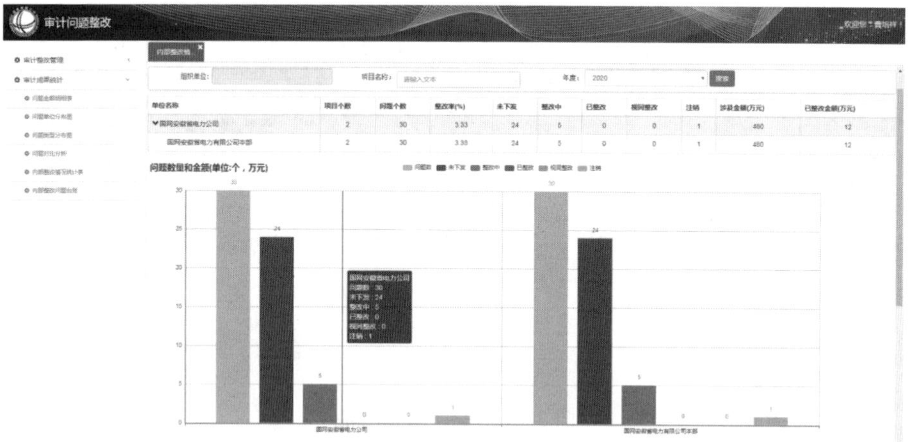

图 3－11　问题整改

八是工程审计管理，涵盖了各类型全口径项目（如：大中型基建、小型基建、营销项目、农配网项目、技改大修工程、检修成本项目等），充分利用现有基础数据，对工作标准和流程进一步优化，结合结算审计与决算审计功能的开发，收集审计过程数据，开展数据挖掘、分析，提高审计手段信息化水平，发现经营管理问题线索、判断企业经营发展趋势。

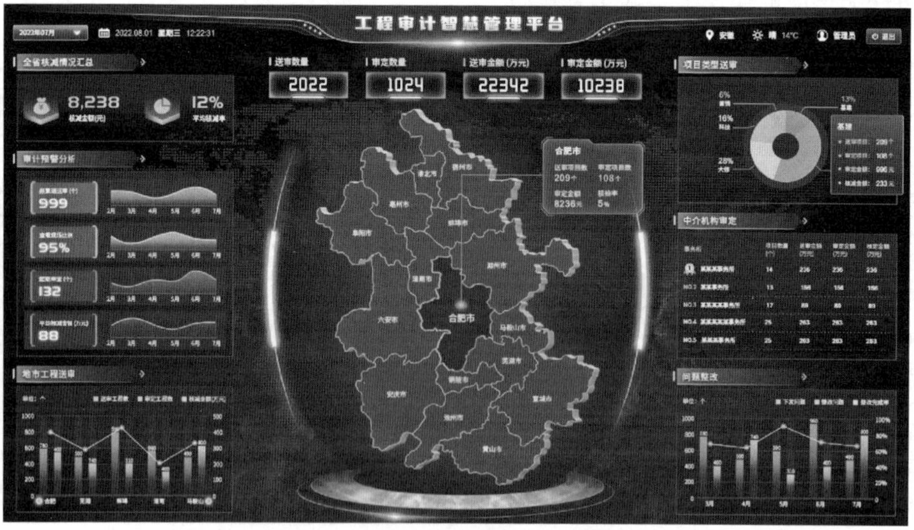

图 3－12　工程审计

3. 审计作业平台的实践

借助审计作业平台，充分应用审计数据、审计模型、审计场景，加快了数字化审计的转型步伐，推动了数字化审计的创新工作。

全速推进企业级数据归集与共享应用。坚持数据驱动理念，发挥审计跨专业、跨系统整合汇聚应用数据的优势，依托公司数据中台推进企业级数据归集和共享应用，全面挖掘数据跨专业应用价值，充分发挥数字化转型促进公司提质增效和高质量发展的倍增效应。持续夯实数据保障，建立健全数据授权、溯源和接入机制，优化数据接入技术路线，实现审计所需业务数据（含负面清单）无障碍“T+3”接入；全面拓展数据范围，在全面完成数字化审计平台数据接入规定动作基础上，研究制定外网和跨信息大区数据接入方案，将规划、调度、交易、计量、省管产业等专业数据按需接入公司数据中台；进一步加强数据质量治理，对数据传输链路实施常态化动态监测，实现数据质量异常的实时发现、实时反馈和实时整改，既促进了公司数据治理，也为审计人员开展多维度数据交叉对比验证和分析提供有力的数据保障。

全面深化数据全量跨域多维分析。充分利用数字化审计适时、动态、跨域和全量的数据分析优势，坚持聚焦上级和公司党委各项重大决策部署，着力从系统性、全局性视角发现公司存在的深层次、隐蔽性风险。拓展审计监督范围，聚焦战略落地、一体四翼、“双碳”目标、提质增效、产业升级等 20 余项国家重大政策措施和公司重大决策部署和精准投资、成本精益管理等 15 项经营管理重点领域和关键环节，精准梳理审计重点主题，全面纳入数字化审计监督范围。

全程构建数字化审计管理与作业新模式。充分发挥数字化审计的先进生产力，突破传统审计作业模式与管理边界，建立资源开放共享、人员动态组合的“技术后台+分析中台+核实前台”数字化审计组织新模式，通过一次性集中开展远程数据分析，为各类审计项目现场全面提供技术支撑、锁定疑点线索，切实提升了审计工作效率。应用“机器人流程自动化+人工智能”技术，以落实重大政策措施和决策部署等主题为切入点，探索构建数字化审计典型业务场景，以持续审计、预警审计方式实现跨系统数据自动采集、关联数据自动分析、审计疑点自动输出、问题风险及时整改，有效发挥了审计提升公司治理能力作用。

第三节 数字化审计专家团队

系统、平台、数据是实现审计信息化的基础性“硬件”，拥有懂业务、精技术的内审人员则是推动数字化工程审计的关键性“软件”。数字化审计模式的运转，对审计人才的培养提出了新的更高的要求，不仅要求审计技术的充分利用，还要求配备综合背景、计算机相关的审计人才和“智囊团”审计专家团队。需要通过多角度、多层次开展数字化审计培训、竞赛、研讨和以审带培，帮助审计人员转变理念、方式和方法，培养掌握审计技能、熟悉具体业务、了解业务数据、具备数据思维，一专多能的“T”型审计人才。

1. 打造数字化审计专家团队的目标

充足和高质量的审计人才是数字化审计的基础资源。数字化审计对审计人才的培养提出了新的更高的要求，不仅要求审计技术的充分利用，还要求配备综合背景、计算机相关的审计人才和“智囊团”审计专家团队。通过多角度、多层次开展数字化审计培训、竞赛、研讨和以审带培，帮助审计人员转变理念、方式和方法，培养掌握审计技能、熟悉具体业务、了解业务数据、具备数据思维，一专多能的“T”型审计人才。

2. 打造数字化审计专家团队的路径

一是单一背景审计人才向综合背景审计人才转变。全面打造数字化审计复合型人才队伍，以增强审计人员“四项能力”作为强化监督的基础，发挥专家团队示范引领作用，打造一支“业务+数据+技术”的专业数字化审计复合型人才队伍。落实建设高素质专业化审计队伍要求，将能力建设融入日常审计和管理。在审计队伍中树立终身学习理念，健全多形式、多层次、多渠道培训体系，坚持“以审代培”在干中学的优良传统，着力解决“本领恐慌”问题。围绕提升审计人员“四项能力”，多层次组织开展审计综合、数字化审计作业等培训，“以审代训”实施审计人员审计项目现场驻点培养，推动业务学习、审计管理与作业融合，全面提升审计队伍素质，为审计发展提供人才保障。

二是传统型审计人才向计算机审计人才升级。建立人才引进、培养、激励机制，充实计算机审计队伍，优化审计人员知识结构，畅通专业人才发展通道。以实战锻炼为平台，定期开展审前培训和数字化审计专题培训，开展审计模型构建与应用劳动竞赛，打造适应公司改革发展需要、掌握先进数字技术、对问题和风险保持高度敏锐性的数字化审计人才队伍。

三是个人全能型审计专家向综合型审计团队突破。组建综合性审计专家团队，依托数字化审计平台和审计项目开展审计理论探索和实践攻关。按需引进内外部技术支撑团队，配合做好数据获取和梳理、业务系统应用指导等技术支撑工作，并开展选拔、培训和评价考核。技术团队应熟练掌握数据开发、数据管理、系统研发、系统运维等专业技能，有条件的单位可配备熟悉财务、设备、营销、物资、人资等业务系统的业务顾问。

3. 数字化审计专家团队的构成

以相对固定+灵活机动为原则，以系统专业审计力量为主，审计柔性专家团队成员为支撑，数据、技术、专业力量为保障，组建纵横协同审计项目团队，主要包括以下几个方面：

审计专家团队。按照审计场景建设需要，设置工程财务、工程物资、工程建设、审计数字化等审计专家团队。审计专家团队主要负责审计场景规则和数据需求梳理、审计场景功能验证、审计场景优化等工作。

审计柔性团队。智慧审计柔性团队，主要发挥示范引领作用，为审计场景建设提供智力支持。审计柔性团队主要负责审计数据标准体系、智慧审计库建设、算法在审计中的应用以及跨系统、跨专业、跨地域数据分析集中攻关等工作。

技术保障团队。针对数据量大、逻辑规则复杂的审计场景，专门配备具备 SQL、Python 等语言的信息技术人员，提供数据归纳及综合分析服务。

第四节　数字化审计工作室

1. 数字化审计工作室的定义

数字化审计工作室，是专门用于实施数字化审计作业、开展数字化审计培训、推进数字化审计建设和创新等事项的工作场所，满足一定规模的审计人员开展集中办公、召开现场或远程视频会议、展示各类审计成果等综合性功能，是开展全数字化综合审计的作战室和指挥室。

2. 数字化审计工作室的作用

数字化审计工作室，可以全面指挥、调度公司审计项目实施。应用视频会议系统支撑非现场审计进点会、沟通会、访谈等。视频系统与现场审计组实时互动交流，快速响应审计需求，异地“面对面”进行远程核实，形成“审计作业统一指挥、审计过程在线管控、审计信息实时传递、审计结果实时汇报”审计作业新模式。

3. 数字化审计工作室的建设路径

以某电网公司为例：

功能部署。配置了长 8.5m、高 2.39m LED 大屏显示系统，集成远程作业、实时监控、成果展示、视频会议等功能，实现多区域多功能全景式展示；工作室配备有非固定式定制桌椅，科学规划“三个功能区”，即数字化审计办公区、创新讨论区、成果展示区；自由组合工作“三模式”：日常办公模式、会议模式、汇报模式，实现办公、会议、汇报等多场景灵活展示；同时配备 1 台平板电视（98 寸）、30 台计算机、2 台高性能打印机、4 台立式广告机。

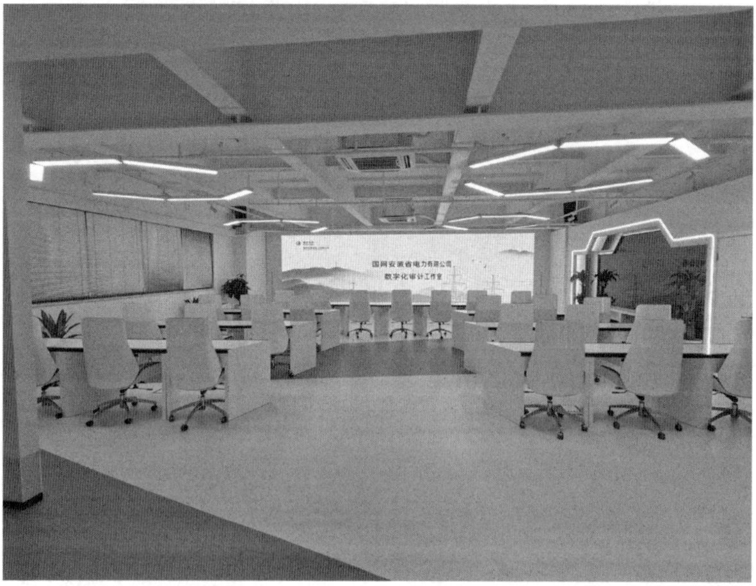

图 3－13　工作室汇报模式

图 3－14　工作室会议模式

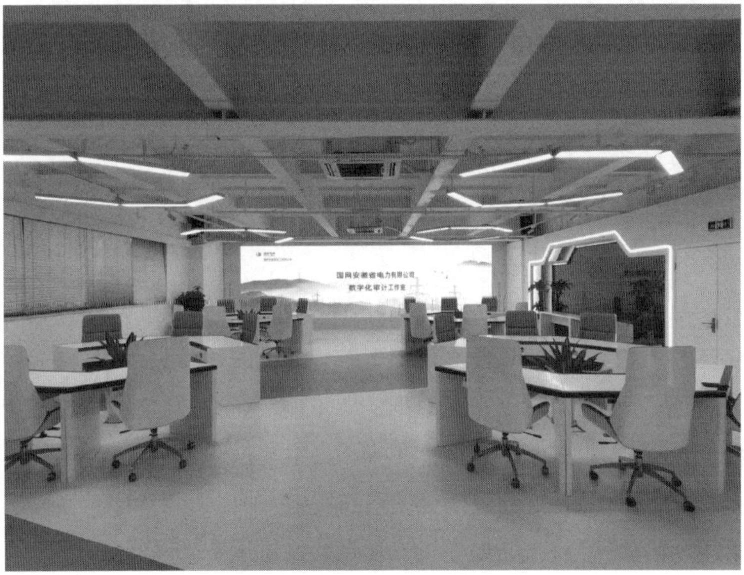

图 3－15　工作室工作模式

第四章

电网企业工程数字化审计技术手段

通过上一章节“电网企业工程数字化审计软硬件环境”，打造数字化审计专家团队、建成数字化审计工作室，审计的软硬件环境搭建完毕，下一步将开展数据采集，获取元数据。

第一节　数据采集与获取工具

一、数据采集的意义

数据采集是数据处理与分析的根基。数据处理、分析、挖掘过程中比较基础且重要的一个环节是数据采集，没有了优质的元数据，再好的特征选取，建模算法，也是在做无用功。采集数据的质量决定了数据分析挖掘的上限。从数据的展现、分析和挖掘过程中得到有用知识，不管是通过报表或多维分析得到企业各领域指标相关性，还是通过挖掘模型的实施来根据历史数据预测企业未来发展，这一切都是基于企业历史数据的。没有数据质量基础的保证，展现得多华丽的走势图表都是无用，甚至会得出相反的结论，可见数据采集的重要性。

二、常用数据采集方式

数据采集方式按照线上采集，线下采集两大类进行分类，线上采集方式又分为内部数据与外部数据，外部数据分为开放数据和第三方平台数据，具体见图 4－1。

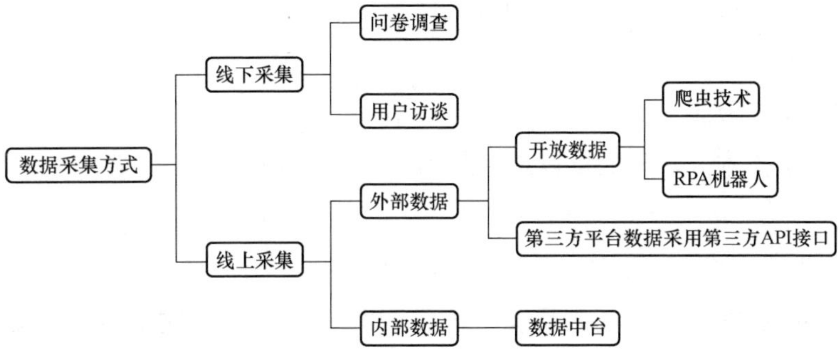

图 4－1 数据采集分类

（一）线下采集

线下采集数据的方式有很多种，例如：问卷调查，用户访谈，实地调研，焦点小组，用户反馈等等，选取常用的方式进行简单介绍。

1. 问卷调查

问卷调查是目前广泛采用的调查形式，根据调研目的设计问卷，并采用抽样方式确定调查样本，完成调查。问卷调查的步骤一般为：确定用户及样本量（根据调查目标选择符合特征的用户，尽可能多的涵盖符合目标的各类人群）——设计调查问卷框架——发放问卷（试调研/正式调研）——汇总数据，撰写报告。

2. 用户访谈

用户访谈是用户研究中非常常用的一种方式，运用有目的，有计划，有方法的口头交谈向用户了解事实的方法。一般用户访谈的步骤为：确定调研的目标与内容——确定用户和样本——确定访谈与提纲——进行访谈——汇总报告。

（二）线上采集

1. 外部数据

（1）开放数据。开放数据指的是互联网中面向所有人公开的数据，其中包括面向特定行业公开的数据，各级政府公开的数据以及网页中相关的内容数据。获取开放类数据，我们可以使用 RPA 技术。RPA 是一种可以使开发人员自动化，系统化收集网页上相关数据的技术，RPA 不是内容的生产者，而是内容的搬运者。

（2）第三方平台数据。比如说开发者想获取相关各类金融数据，除了可以利用爬虫技术外，我们可以通过某第三方平台提供的 API 接口来调取相关数据。

2. 内部数据

主要指国网内部的业务系统数据。可以通过业务系统数据接入数据中台，在数据中台搭建中间表获取。

三、采集数据类型

当我们通过上述方式采集数据后，获取的数据一般有三种类型，即结构化数据，非结构化数据，半结构化数据。

（一）结构化数据

结构化数据是用二维表格的形式进行数据的存储，二维表格由多列组成，每一列的数据具有严格的同质性，所以每一行数据都具有完全相同的结构。在结构化数据中每一行数据都是对现实世界实体的一个对象的描述，由于同一实体的不同对象具有相同的属性，因此用二维表格中数据结构相同的行数据来描述和存储具有相同的属性的不同对象，这是结构化数据的实际意义。关系数据库中的数据都属于结构化数据。

（二）非结构化数据

非结构化数据是相对于结构化数据而言的，在实际的应用中经常遇到无法用数字或者统一的结构来描述和处理现实世界的问题，描述和存储这些问题可能需要用全文文本、图像、声音、影视、超媒体等形式，数据结构不规则或不完整，没有预定义的数据模型，不方便用数据库二维逻辑表来表现的数据。这些数据形式就属于非结构化数据。

（三）半结构化数据

半结构化数据介于结构化数据和非结构化数据之间的一种形式，虽不符合关系型数据库或其他数据表的形式关联起来的数据模型结构，但包含相关标记，用来分隔语义元素以及对记录和字段进行分层。因此，也被称为自描述的结构。常见的半结构数据有 XML 和 JSON。

四、常用数据采集工具

常用的外部数据采集工具主要有机器人自动流程化 RPA；内部业务系统数据通常采用数据中台获取。

（一）机器人流程自动化

1. RPA 技术简介

RPA（Robotic Process Automation），即机器人流程自动化技术，是以软件机器人及人工智能（AI）为基础的业务过程自动化技术。通过计算机编程或辅助软件模拟人类的操作，按照人类设计的规则自动执行流程任务，代替或辅助人类完成相关的计算机操作。它能更好的帮助员工解决大量周期性、重复性、机械性的操作任务，有效提高员工工作效率和业务服务水平，充分释放人力，实现工作减负，同时具备拟人化、可复用、移植方便、业务系统零集成、建设周期短等特性。

2. RPA 发展趋势

随着技术发展，RPA 从 1.0 时代向 4.0 时代演进，逐渐发展为自动化能力强大的机器人执行、管理工具，并将云、AI 等技术融入 RPA 的产品中，促进企业的流程治理智能化与便捷化。

RPA1.0（1990—2000）：实现单个业务操作自动化、批处理脚本、按键精灵；

RPA2.0（2001—2020）：实现完整的业务流程操作、与常用办公软件 office、ERP 等进行交互；

RPA3.0（2021 至今）：平台化、云化部署运行、成果共享、节约资源；

RPA4.0（未来）：实现自主认知、自我学习。

3. RPA 构成

一般 RPA 套件由设计器、控制器和执行器（机器人）组成。其中设计器负责提供可视化界面开发 RPA 应用；控制器负责管理、监控以及调度机器人；执行器（机器人）负责执行 RPA 应用，可以部署在本地和云端。

4. RPA 应用场景

（1）收集和整理信息。主要场景为：数据搜索与检索、外部网站访问、内部站点访问和数据收集和整合。

（2）验证和分析。主要场景为：数据映射和验证、错误分析和识别、有规律的非结构化数据整理和分析、可以被 OCR 识别的文字审查和分析。

（3）数据记录。主要场景为：数据录入和记录、多接口数据录入、归档数据和信息。

（4）计算和决策。主要场景为：自动计算、基于规则的决策、分析报告和输出。

（5）协调和管理。主要场景为：数据审查、任务分配、交接处理、异常切换。

（6）传输和交流。主要场景为：数据迁移和测试、对员工，供应商和客户的自动交互。

（7）报告。主要场景为：自动收集数据、计算汇总、生成格式化报告。

5. RPA 应用流程

业务人员一般通过录屏方式，将业务操作流程步骤发送给设计人员，设计人员将流程分解到具体操作，分析流程细节，对整体流程进行设计，通过设计器提供的能力，拖拽图形化组件实现每一步操作的自动化，将业务流程全部实施完成后，进行提交部署测试，完成上线运行投入使用。

以采购审计“经法系统流程时间抓取”为实践案例，审计人员登录经法系统，点击【合同管理】，在交互页面输入指定日期，查询指定日期的合同信息，依次抓取合同信息页面和合同附件的关键信息，将上述操作录屏，交由设计人员，最终通过机器人将上述信息自动采集汇集至 Excel 表，实现合同信息的自动化采集。流程具体见图 4-2。

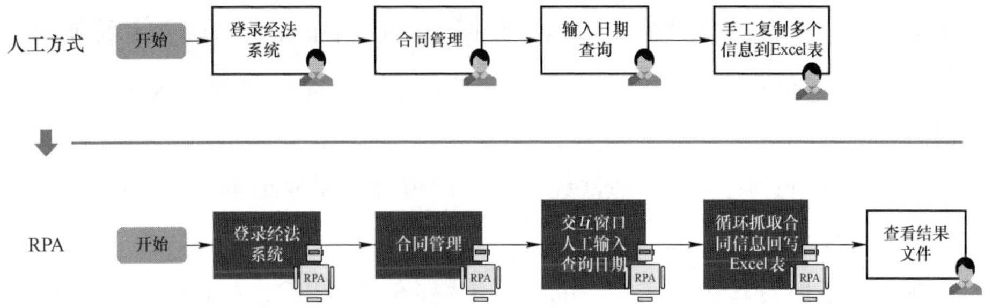

图 4－2　采集流程

（二）数据中台

内部业务系统的数据获取是审计工作人员根据工作需求，通过数字化审计平台、业务信息系统或者数据中台等渠道获得电子数据，用于开展数字化审计工作。内部数据获取是审计作业的基础性工作，包含数据溯源、数据接入、数据申请、数据验证、搭建中间表五个阶段。

1. 数据溯源

根据审计工作方案和数字化审计系统建设需求，以服务审计目标为目的，审计人员通过业务系统，找到对应数据业务路径，填写溯源业务申请表、经信通专责转业务系统厂家开展溯源。数据溯源是记录原始数据在产生、传播到消亡整个生命周期内的演变信息和处理内容，重现数据的历史状态和演变过程。数据溯源管控是实现对数据历史档案追溯，重点管控数据追踪的过程和方法，推荐以下四种释义：

（1）管控源数据到数据产品的衍生过程信息。

（2）管控数据及其在数据库间运动的起源。

（3）管控目标数据衍生前的原始数据以及演变过程的描述过程。

（4）管控元数据记录工作流演变、标注以及实验的过程信息。

2. 数据接入

应根据溯源结果将业务信息系统数据库数据通过抽取、清洗转换、加载接入至数据中台。

3. 数据申请

数据申请分为账号权限申请、数据库数据申请。账号权限总体上按照系统部署分级管理申请，参照《国家电网公司信息系统业务授权许可使用管理办法》执行。企业统推及本单位自建信息系统应将审计人员纳入系统使用人员范围，为审计人员开通审计监督所需业务管理系统查询账号权限。数据库数据应按照公司数据管理的相关要求向审计部门共享，对审计过程中涉及的数据，由对应审计组提出申请，经相关部门审批后授权给审计人员使用。

4. 数据验证

要求业务部门真实、完整、准确提供数据，数据需求人员对其进行验证，保证数据采集及时、完整。

数据验证常用的方法包括：

通过核对总记录数和总金额数来验证，数据在采集、清理和转换过程中总记录数和总金额数应保持不变。

通过观察顺序码的断号和重号来进行验证，检查顺序码是否发生断号、重号，能够保证电子数据在采集、清理和转换过程中凭证数目正确、完整。

通过业务勾稽关系来进行验证，检查这些勾稽关系，能够对数据的真实性、准确性和完整性进行验证。

5. 构建中间表开展场景建设

以数据中台为载体，搭建通用数据中间表，以中间表为基础，审计人员基于业务需求、使用通用数据中间表关联查询，有选择地获取所需数据，进而开展审计业务分析挖掘，固化业务场景。

第二节　数据处理与分析工具

一、Python 介绍及应用案例

（一）介绍

Python 由荷兰数学和计算机科学研究学会的吉多·范罗苏姆于 20 世纪 90 年代初设计，作为一门叫做 ABC 语言的替代品。Python 提供了高效的高级数据结构，还能简单有效地面向对象编程。Python 语法和动态类型，以及解释型语言的本质，使它成为多数平台上写脚本和快速开发应用的编程语言，随着版本的不断更新和语言新功能的添加，逐渐被用于独立的、大型项目的开发。

Python 解释器易于扩展，可以使用 C 语言或 C++（或者其他可以通过 C 调用的语言）扩展新的功能和数据类型。Python 也可用于可定制化软件中的扩展程序语言。Python 丰富的标准库，提供了适用于各个主要系统平台的源码或机器码。

（二）应用环境安装和配置

1. 官网下载

官网下载链接：Python Release Python 3.10.0

点击直接下载最新版本（此为 Windows 版本）。

图 4－3　Python 下载

如果你要下载其他版本，拉到官网页面最下端，找你对应的电脑操作系统下载即可。

2. 运行安装程序

勾选按钮，更换存储路径，尽可能的不要存储在 C 盘，点击第一个“install now”默认存储在 C 盘。

3. 验证安装是否成功

（1）在开始找到 cmd 命令提示符，在开始——cmd——命令提示符，或者 win+R。

（2）输入 python－V 或 python（注意有个空格，且 V 大写），Enter 回车，看到如图 4－4 所示信息，即代表安装成功，并且环境变量添加成功。如果提示“python”不是内部或外部命令，也不是可运行程序或批处理文件，说明你的环境变量没有自动配置，需要手动进行配置。

Files

Version	Operating System	Description	MD5 Sum	File Size	GPG
Gzipped source tarball	Source release		729e36388ae9a832b01cf9138921b383	25007016	SIG
XZ compressed source tarball	Source release		3e7035d272680f80e3ce4e8eb492d580	18726176	SIG
macOS 64-bit universal2 installer	macOS	for macOS 10.9 and later (updated for macOS 12 Monterey)	8575cc983035ea2f0414e25ce0289ab8	39735213	SIG
Windows embeddable package (32-bit	Windows		dc9d1abc644dd78f5e48edae38c7bc6b	7521592	SIG
Windows embeddable package (64-bit	Windows		340408540eeff359d5eaf93139ab90fd	8474319	SIG
Windows help file	Windows		9d7b80c1c23cfb2cecd63ac4fac9766e	9559706	SIG
Windows installer (32-bit)	Windows		133aa48145032e341ad2a000cd3bff50	27194856	SIG
Windows installer (64-bit)	Windows	Recommended	c3917c08a7fe85db7203da6dcaa99a70	28315928	SIG

图 4－4　Python 下载文件

（3）再输入 print（“hello word”）回车，可以看到打印出了 hello word，至此 python 安装验证完毕。

（三）基本语法

1. Python 标识符

在 Python 里，标识符由字母、数字、下划线组成。

在 Python 中，所有标识符可以包括英文、数字以及下划线（_），但不能以数字开头。

Python 中的标识符是区分大小写的。

以下划线开头的标识符是有特殊意义的。以单下划线开头_foo 的代表不能直接访问的类属性，需通过类提供的接口进行访问，不能用 from xxx import * 而导入；

以双下划线开头的 foo 代表类的私有成员；以双下划线开头和结尾的 foo 代表 Python 里特殊方法专用的标识，如 init__（）代表类的构造函数。

2. Python 有五个标准的数据类型

Numbers（数字）String（字符串）List（列表）Tuple（元组）Dictionary（字典）

Python 支持四种不同的数字类型：

int（有符号整型）long（长整型［也可以代表八进制和十六进制］）float（浮点型）complex（复数）

列表用［］标识，是 python 最通用的复合数据类型。

元组用“()”标识。内部元素用逗号隔开。但是元组不能二次赋值，相当于只读列表。

字典（dictionary）是除列表以外 python 之中最灵活的内置数据结构类型。

3. Python 数据类型转换

有时候，我们需要对数据内置的类型进行转换，数据类型的转换，你只需要将数据类型作为函数名即可。

以下几个内置的函数可以执行数据类型之间的转换。这些函数返回一个新的对象，表示转换的值。

int（x［，base］）将 x 转换为一个整数

long（x［，base］）将 x 转换为一个长整数

float（x）将 x 转换到一个浮点数

complex（real［，imag］）创建一个复数

str（x）将对象 x 转换为字符串

repr（x）将对象 x 转换为表达式字符串

eval（str）用来计算在字符串中的有效 Python 表达式，并返回一个对象

tuple（s）将序列 s 转换为一个元组

list（s）将序列 s 转换为一个列表

4. Python 运算符

算术运算符、比较（关系）运算符、赋值运算符、逻辑运算符、位运算符、成员运算符、身份运算符、运算符优先级、python 算术运算符

加 – 两个对象相加 a+b 输出结果 30

减 – 得到负数或是一个数减去另一个数 a – b 输出结果 – 10

乘 – 两个数相乘或是返回一个被重复若干次的字符串 a * b 输出结果 200

/除 – x 除以 y b/a 输出结果 2

%取模 – 返回除法的余数 b%a 输出结果 0

幂 – 返回 x 的 y 次幂 ab 为 10 的 20 次方，输出结果 100000000000000000000

//取整除 – 返回商的整数部分 9//2 输出结果 4，9.0//2.0 输出结果 4.0

（四）第一个 Python 程序

"""第一个 Python 程序 – hello，world

Version：0.1

Author：**

""""

print（'hello，world'）

print（"你好，世界！"）

hello，world

按照行业惯例，我们学习任何一门编程语言写的第一个程序都是输出 hello，world，因为这段代码是伟大的丹尼斯·里奇（C 语言之父，和肯·汤普森一起开发了 Unix 操作系统）和布莱恩·柯尼汉（awk 语言的发明者）在他们的不朽著作 The C Programming Language 中写的第一段代码。

（五）常见库的用法（PANDAS）

1. math 库

（1）定义。Python 语言中的数值计算标准函数库 math 提供了 4 个数学常数和 44 个函数。math 库不支持复数类型，仅支持整数和浮点数运算。math 库中的常数和函数不能直接使用，需要用关键字 import 引用后才可以使用。

（2）math 库引入方式。引用 math 库有两种方式：

方式 1：import math

方式 2：from math import＜函数名＞

math 库中的数学常数如图 4－5 所示。

常数	数学表示	描述
pi	π	圆周率，值为3.141592653589793
e	e	自然对数，值为2.718281828459045
inf	∞	正无穷大，负无穷大为-inf
nan		非浮点数标记，Not a Number

图 4－5　math 数学常数

2. time 库

（1）time 库的基本介绍。time 库是 Python 中处理时间的标准库，计算机时间表达提供获取系统时间并格式化输出功能，提供系统级精确计时功能，用于程序性能分析。

基本格式：

import time

time.b( )

（2）时间获取。

函数	描述
time()	获取当前时间戳，即计算机内部时间值，浮点数 >>>time.time()从1970年1月1日开始，以秒为单位 1516939876.6022282
ctime()	获取当前时间并以易读方式表示，返回字符串 >>>time.ctime() 'Fri Jan 26 12:11:16 2018'

图 4－6　时间获取函数

（3）时间格式化。将时间以合理方式展示出来。

格式化：类似字符串格式化，需要有展示模板。

展示模板由特定的格式化控制符组成。

函数	描述
strftime(tpl, ts)	tpl是格式化模板字符串，用来定义输出效果 ts是计算机内部时间类型变量 >>>t = time.gmtime() >>>time.strftime("%Y-%m-%d %H:%M:%S",t) '2018-01-26 12:55:20'

图 4－7　strftime()方法

（六）应用案例

应用案例一：拼接 Excel

在日常工作中，我们经常会遇到将多个 Excel 表中符合要求的数据选择性合成一个表，手动操作起来极为烦琐，使用 python 工具可以十分省时、高效。

如图需要按照全数据化综合审计_数据支撑工作清单（终）（图 4－8）中用到的字段，在中间表建表步骤及转义汇总（图 4－9）中找到对应的字段，填上该字段的所有信息。

字段名	字段中文名	字段类型	对应中	中间表表名	中间表中文名称	中间表字段名	中间表字段中文名	系统名称	源端表名	源端表中文名	源端字段名	源端字段中
BUKRS	公司代码	string	是	QRYE_W_ProjectAsset_basicInfo	项目固定资产基本信息							
BUTXT	公司名称	string	是	QRYE_W_ProjectAsset_basicInfo	项目固定资产基本信息							
ANLN1	资产编码	string	是	QRYE_W_ProjectAsset_basicInfo	项目固定资产基本信息							
MCOA1	资产名称	string	是	QRYE_W_ProjectAsset_basicInfo	项目固定资产基本信息							
ANLN2	资产次级编号	string	是	QRYE_W_ProjectAsset_basicInfo	项目固定资产基本信息							
POSID	WBS编码	string	是	QRYE_W_ProjectAsset_basicInfo	项目固定资产基本信息							
ANLKL	固定资产分类	string	否	QRYE_W_ProjectAsset_basicInfo	项目固定资产基本信息							
ANLKL_TXT	固定资产分类描述	string	否	QRYE_W_ProjectAsset_basicInfo	项目固定资产基本信息							
INVNR	存货号	string	是	QRYE_W_ProjectAsset_basicInfo	项目固定资产基本信息							
MENGE	资产数量	decimal	是	QRYE_W_ProjectAsset_basicInfo	项目固定资产基本信息							
MEINS	计量单位	decimal	是	QRYE_W_ProjectAsset_basicInfo	项目固定资产基本信息							
ORD43	资产状态	string	是	QRYE_W_ProjectAsset_basicInfo	项目固定资产基本信息							
ORD43_TXT	资产状态描述	string	是	QRYE_W_ProjectAsset_basicInfo	项目固定资产基本信息							
ORD41	资产使用情况	datetime	是	QRYE_W_ProjectAsset_basicInfo	项目固定资产基本信息							
ORD41_TXT	资产使用情况描述	decimal	是	QRYE_W_ProjectAsset_basicInfo	项目固定资产基本信息							
ORD44	资产增加方式	decimal	是	QRYE_W_ProjectAsset_basicInfo	项目固定资产基本信息							
ORD44_TXT	资产增加方式描述	decimal	否	QRYE_W_ProjectAsset_basicInfo	项目固定资产基本信息							
ORD42	电压等级	string	否	QRYE_W_ProjectAsset_basicInfo	项目固定资产基本信息							
ORD42_TXT	电压等级描述	string	否	QRYE_W_ProjectAsset_basicInfo	项目固定资产基本信息							
GDLGRP	资产变动方式	string	否	QRYE_W_ProjectAsset_basicInfo	项目固定资产基本信息							
GDLGRP_TXT	变动变动方式描述	string	否	QRYE_W_ProjectAsset_basicInfo	项目固定资产基本信息							
FIAMT	存放（坐落）地点	decimal	是	QRYE_W_ProjectAsset_basicInfo	项目固定资产基本信息							
STADT	所属站线名称	string	是	QRYE_W_ProjectAsset_basicInfo	项目固定资产基本信息							
AIBN1	原资产编码	string	是	QRYE_W_ProjectAsset_basicInfo	项目固定资产基本信息							
GRUVO	不动产证号	string	是	QRYE_W_ProjectAsset_basicInfo	项目固定资产基本信息							
ZUGDT	首次购置日期	string	是	QRYE_W_ProjectAsset_basicInfo	项目固定资产基本信息							
AKTIV	资本化日期	string	是	QRYE_W_ProjectAsset_basicInfo	项目固定资产基本信息							

图 4-8　全数据化综合审计-数据支撑工作清单

中间表名称：合同基本信息表

表英文名称：QRYE_W_CONTRACTDETAIL

序号	审计中间表		字段属性	CIM模型				数据源系统					新增字段情况
	字段名称	字段编码		表名	中文表名	字段名	字段中文名	系统名称	表名	中文表名	字段名	字段中文名	
1	ID	id	源表值	un09_01_elms_law_t_ht_basein	合同基本信息	id	ID	经法系统	LAW_T_HT_BASEINFO	合同基本信息	id	ID	
2	合同编号	code	源表值	un09_01_elms_law_t_ht_basein	合同基本信息	code	合同编号	经法系统	LAW_T_HT_BASEINFO	合同基本信息	code	合同编号	
3	流水号	serialno	源表值	un09_01_elms_law_t_ht_basein	合同基本信息	serialno	流水号	经法系统	LAW_T_HT_BASEINFO	合同基本信息	serialno	流水号	
4	合同名称	name	源表值	un09_01_elms_law_t_ht_basein	合同基本信息	name	合同名称	经法系统	LAW_T_HT_BASEINFO	合同基本信息	name	合同名称	
5	合同类型	cnt_type_id	源表值	un09_01_elms_law_t_ht_basein	合同基本信息	cnt_type_id	合同类型	经法系统	LAW_T_HT_BASEINFO	合同基本信息	cnt_type_id	合同类型	
6	对方信息汇总	all_parties	源表值	un09_01_elms_law_t_ht_basein	合同基本信息	all_parties	对方信息汇总	经法系统	LAW_T_HT_BASEINFO	合同基本信息	all_parties	对方信息汇总	
7	合同金额	sum	源表值	un09_01_elms_law_t_ht_basein	合同基本信息	SUM	合同金额	经法系统	LAW_T_HT_BASEINFO	合同基本信息	sum	合同金额	
8	税率	tax	源表值	un09_01_elms_law_t_ht_basein	合同基本信息	tax	税率	经法系统	LAW_T_HT_BASEINFO	合同基本信息	tax	税率	
9	不含税金额	zhtjj	源表值	un09_01_elms_law_t_ht_basein	合同基本信息	zhtjj	不含税金额	经法系统	LAW_T_HT_BASEINFO	合同基本信息	zhtjj	不含税金额	
10	币种类型	currency_name	源表值	un09_01_elms_law_t_ht_basein	合同基本信息	currency_name	币种类型	经法系统	LAW_T_HT_BASEINFO	合同基本信息	currency_name	币种类型	
11	合同状态	state_code	源表值	un09_01_elms_law_t_ht_basein	合同基本信息	state_code	合同状态	经法系统	LAW_T_HT_BASEINFO	合同基本信息	state_code	合同状态	
12	起草时间	draft_time	源表值	un09_01_elms_law_t_ht_basein	合同基本信息	draft_time	起草时间	经法系统	LAW_T_HT_BASEINFO	合同基本信息	draft_time	起草时间	
13	签订时间	sign_time	源表值	un09_01_elms_law_t_ht_basein	合同基本信息	sign_time	签订时间	经法系统	LAW_T_HT_BASEINFO	合同基本信息	sign_time	签订时间	
14	生效时间	inure_date	源表值	un09_01_elms_law_t_ht_basein	合同基本信息	inure_date	生效时间	经法系统	LAW_T_HT_BASEINFO	合同基本信息	inure_date	生效时间	
15	终止日期	end_date	源表值	un09_01_elms_law_t_ht_basein	合同基本信息	end_date	终止日期	经法系统	LAW_T_HT_BASEINFO	合同基本信息	end_date	终止日期	
16	承办人	undertaker	源表值	un09_01_elms_law_t_ht_basein	合同基本信息	undertaker	承办人	经法系统	LAW_T_HT_BASEINFO	合同基本信息	undertaker	承办人	
17	承办部门	undertaker_dept	源表值	un09_01_elms_law_t_ht_basein	合同基本信息	undertaker_dep	承办部门	经法系统	LAW_T_HT_BASEINFO	合同基本信息	undertaker_dept	承办部门	
18	承办单位	undertaker_org	源表值	un09_01_elms_law_t_ht_basein	合同基本信息	undertaker_org	承办单位	经法系统	LAW_T_HT_BASEINFO	合同基本信息	undertaker_org	承办单位	
19	项目编号	project_code	源表值	un09_01_elms_law_t_ht_projec	合同项目信息	PROJECT_CODE	项目编号	经法系统	LAW_T_HT_PROJECT	合同项目信息	project_code	项目编号	
20	项目名称	project_name	源表值	un09_01_elms_law_t_ht_projec	合同项目信息	PROJECT_NAME	项目名称	经法系统	LAW_T_HT_PROJECT	合同基本信息	project_name	项目名称	
21	订单编号	erpcode	源表值	un09_01_elms_law_t_ht_basein	合同基本信息	erpcode	订单编号	经法系统	LAW_T_HT_BASEINFO	合同基本信息	erpcode	订单编号	
22	ECP编号	ecp_contract_id	源表值	un09_01_elms_law_t_ht_basein	合同基本信息	ecp_contract_i	ECP编号	经法系统	LAW_T_HT_BASEINFO	合同基本信息	ecp_contract_id	ECP编号	
23	资金流向	fund_dir_code	源表值	un09_01_elms_law_t_ht_basein	合同基本信息	fund_dir_code	资金流向	经法系统	LAW_T_HT_BASEINFO	合同基本信息	fund_dir_code	资金流向	
24	采购方式	caigou_type	源表值	un09_01_elms_law_t_ht_basein	合同基本信息	caigou_type	采购方式	经法系统	LAW_T_HT_BASEINFO	合同基本信息	caigou_type	采购方式	
25	招标批次	rfpdocpatch	源表值	un09_01_elms_law_t_ht_basein	合同基本信息	rfpdocpatch	招标批次	经法系统	LAW_T_HT_BASEINFO	合同基本信息	rfpdocpatch	招标批次	
26	中标时间	bid_time	源表值	un09_01_elms_law_t_ht_basein	合同基本信息	bid_time	中标时间	经法系统	LAW_T_HT_BASEINFO	合同基本信息	bid_time	中标时间	
27	合同份数	copies	源表值	un09_01_elms_law_t_ht_basein	合同基本信息	copies	合同份数	经法系统	LAW_T_HT_BASEINFO	合同基本信息	copies	合同份数	

图 4-9　中间表建表步骤及转义汇总字段信息

其中涉及的字段有 600 多个，对应的需要在 37 张表中找出对应字段并填上相应的 13 个信息。

1. 读取两个表格中的数据

```python
import pandas as pd
df1 = pd.read_excel('全数据化综合审计_数据支撑工作清单（终）
df2 = pd.read_excel('中间表建表步骤及转义汇总202012040.xlsx
```

图 4-10　导入 pandas 并读取 Excel 表格

2. 处理待匹配表格 df2 中的 40 个表名

```python
dict_stname= {}
for i in df2.keys():
    j=i.replace(' ','').replace('1','').replace('2','')\
    .replace('3','').replace('4','').replace('5','').replace('6','')\
    .replace('7','').replace('8','').replace('9','').replace('0','')
    dict_stname[j]=i
print(dict_stname)
```

图 4-11　循环处理表名

3. 建多个空列表用来放置需要的字段信息

```
list1 = len(df1['中间表中文名称']) *['']
list2 = len(df1['中间表中文名称']) *['']
list3 = len(df1['中间表中文名称']) *['']
list4 = len(df1['中间表中文名称']) *['']
list5 = len(df1['中间表中文名称']) *['']
list6 = len(df1['中间表中文名称']) *['']
```

图 4－12　新建空列表

4. 进行匹配获取信息

使用 for 循环语句，找到该行对应的表名，再从找到的表中找到对应的字段，将该字段信息放进列表 list 中。

```
for i in range(len(df1['中间表中文名称'])):
    print(i)
    for j in dict_stname:
        if df1['中间表中文名称'][i] == j:
            # print(i,dict_stname[j])
            df3=pd.read_excel('工程中间表建表步骤及转义汇总202012040.xlsx',sheet_name=dict_stname[j],header=3)
            for k in range(len(df3['字段编码'])):
                if df1['字段名'][i] == df3['字段编码'][k]:
                    list1[i] = df3['字段编码'][k]
                    list2[i] = df3['字段名称'][k]
df1['中间表字段名'] =list1
df1['中间表字段中文名'] =list2
df1.to_excel('result.xlsx')
print('end')
```

图 4－13　循环进行匹配并输出结果

5. 查看结果

序号	属专业小	型结果表	模型中文名	字段名	字段中文名	字段类型	否对应中间	中间表表名	间表中文名	间表字段	源系统名称
1	工程	dwa_szhs_	服务合同	PSPID	项目定义	string	是	QRYE_W_FOService_STD	PSPID	项目定义	
2	工程	dwa_szhs_	服务合同	POST1	项目名称	string	是	QRYE_W_FOService_STD	POST1	项目名称	
3	工程	dwa_szhs_	服务合同	VBUKR	公司代码	string	是	QRYE_W_FOService_STD	VBUKR	公司代码	
4	工程	dwa_szhs_	服务合同	BUTXT	公司名称	string	是	QRYE_W_FOService_STD	BUTXT	公司名称	
5	工程	dwa_szhs_	服务合同	PRCTR	利润中心	decimal	是	QRYE_W_FOService_STD	PRCTR	利润中心	
6	工程	dwa_szhs_	服务合同	LTEXT	利润中心描	string	是	QRYE_W_FOService_STD	LTEXT	利润中心描述	
7	工程	dwa_szhs_	服务合同	EBELN	采购凭证	string	否	QRYE_W_FOService_STD	EBELN	采购凭证	
8	工程	dwa_szhs_	服务合同	EBELP	项目	string	否	QRYE_W_FOService_STD	EBELP	项目	
9	工程	dwa_szhs_	服务合同	BANFN	采购申请	string	是	QRYE_W_FOService_STD	BANFN	采购申请	
10	工程	dwa_szhs_	服务合同	BNFPO	请求的项目	string	是	QRYE_W_FOService_STD	BNFPO	请求的项目	
11	工程	dwa_szhs_	服务合同	LOEKZ	删除标识	string	是	QRYE_W_FOService_STD	LOEKZ	删除标识	
12	工程	dwa_szhs_	服务合同	TXZ01	短文本	string	是	QRYE_W_FOService_STD	TXZ01	短文本	
13	工程	dwa_szhs_	服务合同	BUKRS	公司代码	string	是	QRYE_W_FOService_STD	BUKRS	公司代码	
14	工程	dwa_szhs_	服务合同	WERKS	工厂	string	是	QRYE_W_FOService_STD	WERKS	工厂	
15	工程	dwa_szhs_	服务合同	WERKS_nam	工厂名称	string	是	QRYE_W_FOService_STD	WERKS_nam	工厂名称	
16	工程	dwa_szhs_	合同明细	PSPID	项目定义	decimal	是	QRYE_W_ContractList_ST	用户供用电合同信息		
17	工程	dwa_szhs_	合同明细	POST1	项目名称	string	否	QRYE_W_ContractList_ST	用户供用电合同信息		
18	工程	dwa_szhs_	合同明细	VBUKR	公司代码	datetime	否	QRYE_W_ContractList_ST	用户供用电合同信息		
19	工程	dwa_szhs_	合同明细	BUTXT	公司名称	datetime	否	QRYE_W_ContractList_ST	用户供用电合同信息		
20	工程	dwa_szhs_	合同明细	PRCTR	利润中心	string	否	QRYE_W_ContractList_ST	用户供用电合同信息		
21	工程	dwa_szhs_	合同明细	LTEXT	利润中心描	string	否	QRYE_W_ContractList_ST	用户供用电合同信息		
22	工程	dwa_szhs_	合同明细	EBELN	采购订单	string	是	QRYE_W_ContractList_ST	用户计量点	orgno	
23	工程	dwa_szhs_	合同明细	EBELP	订单行项目	string	是	QRYE_W_ContractList_ST	用户计量点	pucnumber	
24	工程	dwa_szhs_	合同明细	BANFN	采购申请	string	是	QRYE_W_ContractList_ST	用户计量点	sgname	
25	工程	dwa_szhs_	合同明细	BNFPO	请求的项目	string	是	QRYE_W_ContractList_ST	用户计量点	prccode	
26	工程	dwa_szhs_	合同明细	KONNR	合同	string	是	QRYE_W_ContractList_ST	用户计量点		
27	工程	dwa_szhs_	合同明细	KTPNR	合同行项目	decimal	是	QRYE_W_ContractList_ST	用户计量点	mplevel	
28	工程	dwa_szhs_	合同明细	LIFNR	供应商编码	string	是	QRYE_W_ContractList_ST	用户计量点		
29	工程	dwa_szhs_	合同明细	LIFNR_nam	供应商名称	string	是	QRYE_W_ContractList_ST	供电单位		
30	工程	dwa_szhs_	合同明细	bedat	合同日期	string	是	QRYE_W_ContractList_ST	供电单位		
31	工程	dwa_szhs_	合同明细	ZHTBH	合同编号(	string	是	QRYE_W_ContractList_ST	供电单位		
32	工程	dwa_szhs_	合同明细	ZHTMC	合同名称	decimal	是	QRYE_W_ContractList_ST	电能表基础	meterid	
33	工程	dwa_szhs_	合同明细	ZHTJE	合同金额	string	是	QRYE_W_ContractList_ST	电能表装拆记录		

图 4－14　匹配结果

应用案例二：数据分析

此案例中，数据为前台导出的低电压异常台区列表，要求是筛选出异常持续时间大于 50 或者异常持续天数大于 7 天的数据，并统计同一台区出现异常的次数。

A	…	G	H	I	J	K	L	M	N	O	P	Q	R	S	T	U
序号		异常次数	连续异常次数	发生异常天数	连续发生异常天数	最大负载率	最大负载发生时间	最近异常发生时间	最早异常发生时间	配变类别	配变容量	PT变比	CT变比	用户数	PMS变电站	PMS线路名称
1		34	3	1	1		2018/7/5 16:45	2018/7/5 22:00	2018/7/5 11:15	公变	50	1	20	0		
2		20	1	1	1		2018/7/8 17:15	2018/7/8 19:45	2018/7/8 15:00	公变	100	1	100	0		
3		50	3	2	2		2018/7/9 19:00	2018/7/10 11:00	2018/7/9 14:00	公变	200	1	60	0		
4		19	3	3	3		2018/7/26 16:15	2018/7/26 16:45	2018/7/12 15:15	公变	200	1	30	0		
5		92	12	3	3		2018/7/14 0:00	2018/7/14 23:30	2018/7/12 2:30	公变	200	1	30	0		
6		9	2	2	2		2018/8/11 20:15	2018/8/11 20:30	2018/7/12 19:45	公变	200	1	60	0		
7		20	3	3	3		2018/8/9 21:00	2018/8/11 21:30	2018/7/13 20:15	公变	100	1	50	0		
8		53	7	7	7		2018/8/9 19:30	2018/8/14 20:45	2018/7/13 20:00	公变	200	1	60	0		
9		38	6	6	6		2018/7/23 20:30	2018/7/23 21:00	2018/7/13 20:00	公变	100	1	60	0		

图 4－15　低电压异常台区列表

1. 导入数据

使用 Pandas 库导入该表。

```
import pandas as pd

df = pd.read_excel('C:/Users/123/Desktop/test.xlsx')
```

图 4－16　导入 pandas 并读取 Excel 表格

2. 数据格式转换

在导出的数据中，我们需要使用到的异常天数等字段为字符串型格式（str），所以我们先用 Pandas 知道的 astype（）函数，将字段转为数值型（int）。

```
df[['异常次数']] = df[['异常次数']].astype('int')
df[['连续发生异常天数']] = df[['连续发生异常天数']].astype('int')
```

图 4－17　转换数值类型

3. 数据分析处理

按照需求中要求的方法，算出异常持续时长。

```
df[['持续时长']] = df[['异常次数']]/4
```

图 4－18　根据方法求值

用 loc()函数找出异常持续时间大于 50 或者异常持续天数大于 7 天的行。

```
df1 = df.loc[(df['持续时长']>50) | (df['连续发生异常天数']>7),:]
```

图 4－19　查找表中数据

用 group()函数计算出台区的出现次数生成新的列并用 merge（）函数加到原表中。

```
df2 = df1.merge(df1.groupby('配变局号').size().reset_index(name='重复操作次数'))
```

图 4－20　分组并新增列

运行得到结果。

```
        序号    单位名称          变电站          线路名称   ...  PMS变电站 PMS线路名称   持续时长  重复操作次数
0       14      供电公司  110kV     电站       10k       3线   ...    NaN       NaN   52.50      1
1       17      供电公司   35kV     电站      10kV       5线   ...    NaN       NaN   39.75      1
2       18      供电公司  35kV五    电站      10kV       08线   ...    NaN       NaN   18.25      1
3       19      供电公司   35kV     电站      10kV       5线   ...    NaN       NaN   38.25      1
4       21      供电公司  35kV五    电站      10kV       08线   ...    NaN       NaN   37.00      1
..     ...       ...      ...              ...   ...       ...       ...     ...     ...
198    131      供电公司     胜     闭所       1C       04线   ...    NaN       NaN   69.00      1
199    154      供电公司   35kV     站       10kV       5线   ...    NaN       NaN   54.50      1
200    175      电公司   110kV黄    站      10kV寿      线   ...    NaN       NaN   52.50      1
201    181      供电公司  110kV     站       10kV      9线   ...    NaN       NaN   21.75      1
202    368      供电公司   35kV     站      10kV新     05线   ...    NaN       NaN   17.25      1
```

图 4－21　查看运行结果

4. 导出结果

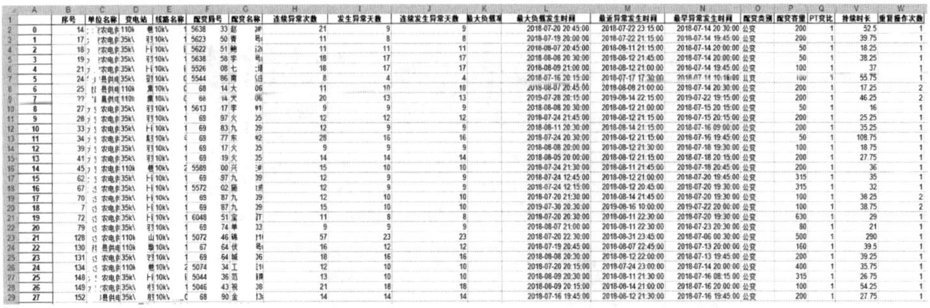

	序号	单位名称	变电站	线路名称	配变局号	配变名称	连续异常次数	发生异常天数	连续发生异常天数	最大负载率	最大负载发生时间	最近异常发生时间	最早异常发生时间	配变类别	配变容量	PT变比	持续时长	重复操作次数
0	14	农电	110k	10kV	5638	33 赵	21	9	9		2018-07-20 20:45:00	2018-07-22 23:15:00	2018-07-14 20:30:00	公变	200	1	52.5	1
1	17	农电	35kV	10kV	5623	50 青	11	8	8		2018-07-19 20:00:00	2018-07-22 21:15:00	2018-07-14 19:45:00	公变	200	1	39.75	1
2	18	农电	35kV	10kV	5622	51	11	11	11		2018-08-07 20:45:00	2018-08-11 21:15:00	2018-07-14 20:00:00	公变	50	1	18.25	1
3	19	农电	35kV	10kV	5638	58 李	18	17	17		2018-08-08 20:30:00	2018-08-12 21:45:00	2018-07-14 20:00:00	公变	50	1	38.25	1
4	21	农电	35kV	10kV	5526	08 七	18	17	17		2018-08-09 21:00:00	2018-08-12 21:00:00	2018-07-14 19:45:00	公变	100	1	37	1
5	24	县供电	35kV	10kV	5544	86 南	8	4	4		2018-07-16 20:15:00	2018-07-17 17:30:00	2018-07-14 10:16:00	公变	100	1	55.75	1
6	25	县供电	110k	10kV	68	14 大	11	10	10		2018-08-07 20:45:00	2018-08-08 21:00:00	2018-07-14 20:30:00	公变	200	1	17.25	2
7	[illegible]	县供电	110k	10kV	68	14 大	20	13	13		2019-07-28 20:15:00	2019-08-14 22:15:00	2019-07-22 19:15:00	公变	200	1	46.25	2
8	27	农电	35kV	10kV	5613	17 李	9	9	9		2018-08-08 20:30:00	2018-08-12 21:00:00	2018-07-15 20:15:00	公变	50	1	16	1
9	28	农电	35kV	10kV	69	97 火	12	12	12		2018-07-24 21:45:00	2018-08-12 21:15:00	2018-07-15 20:15:00	公变	200	1	25.25	1
10	33	农电	35kV	10kV	69	83 九	12	9	9		2018-08-11 20:30:00	2018-08-14 21:15:00	2018-07-16 09:00:00	公变	200	1	35.25	1
11	34	农电	35kV	10kV	69	77 东	28	16	16		2018-07-24 20:30:00	2018-08-12 21:15:00	2018-07-16 19:45:00	公变	50	1	108.75	1
12	39	农电	35kV	10kV	69	17 火	9	9	9		2018-08-08 20:00:00	2018-08-12 21:30:00	2018-07-18 19:30:00	公变	100	1	18.75	1
13	41	农电	35kV	10kV	69	19 火	14	14	14		2018-08-05 20:00:00	2018-08-12 21:15:00	2018-07-18 20:15:00	公变	200	1	27.75	1
14	45	农电	110k	10kV	5589	00 兴	15	10	10		2018-07-24 21:30:00	2018-08-11 21:45:00	2018-07-18 20:45:00	公变	200	1	36	1
15	62	农电	35kV	10kV	69	97 九	12	9	9		2018-07-24 12:45:00	2018-08-12 21:00:00	2018-07-20 19:45:00	公变	315	1	35	1
16	67	农电	35kV	10kV	5572	02	12	9	9		2018-07-24 12:15:00	2018-08-12 20:45:00	2018-07-20 19:30:00	公变	315	1	32	1
17	70	农电	35kV	10kV	69	87 九	12	10	10		2018-07-20 21:30:00	2018-08-14 21:45:00	2018-07-20 19:30:00	公变	100	1	38.25	2
18	7	农电	35kV	10kV	69	87 九	15	10	10		2019-07-30 20:30:00	2019-08-16 10:00:00	2019-07-22 20:00:00	公变	100	1	38.75	2
19	72	农电	35kV	10kV	6048	51 宝	11	8	8		2018-07-20 20:30:00	2018-08-11 22:30:00	2018-07-20 19:30:00	公变	630	1	29	1
20	79	农电	35kV	10kV	69	74 单	9	9	9		2018-08-07 21:00:00	2018-08-11 22:30:00	2018-07-23 20:30:00	公变	80	1	21	1
21	128	农电	110k	10kV	5072	46 锦	57	23	23		2018-07-20 22:30:00	2018-08-31 23:45:00	2018-07-06 00:30:00	公变	500	1	290	1
22	130	县供电	110k	10kV	67	64 伏	16	12	12		2018-07-19 20:45:00	2018-08-07 22:45:00	2018-07-13 20:00:00	公变	160	1	39.5	1
23	131	农电	35kV	10kV	69	64 城	18	16	16		2018-08-08 20:30:00	2018-08-12 22:00:00	2018-07-13 19:45:00	公变	200	1	39.25	1
24	134	农电	110k	10kV	5074	34 工	12	10	10		2018-07-20 20:15:00	2018-07-24 23:00:00	2018-07-14 20:00:00	公变	400	1	35.75	1
25	148	农电	35kV	10kV	5044	36 范	13	10	10		2018-08-09 20:30:00	2018-08-11 21:30:00	2018-07-16 08:15:00	公变	315	1	26.75	1
26	149	农电	35kV	10kV	5046	43 祝	21	18	18		2018-08-09 20:15:00	2018-08-14 21:00:00	2018-07-16 20:00:00	公变	100	1	54.25	1
27	152	县供电	35kV	10kV	68	90 金	14	14	14		2018-07-16 19:45:00	2018-08-12 21:30:00	2018-07-16 19:45:00	公变	200	1	27.75	1

图 4－22　输出结果文件

应用案例三：爬虫爬网

在完成用户电力电费预测算法的时候，需要用到天气信息，作为该预测算法的一个影响参数。为获取天气信息，我们需要用到 python 爬虫爬取该地区的天气信息。

（1）确定要爬取的网页。

图 4－23　待爬取网站

（2）导入爬取库 requests 和解析库 BeautifulSoup，填写请求头信息。

```
import requests
from bs4 import BeautifulSoup
```

```
headers = {
    'User-Agent': 'Mozilla/5.0 (Windows NT 6.1; Win64; x64) AppleWebKit/537.
}
```

图 4－24　导入 request 并构建请求头

（3）爬取并解析网页信息。

```
#按天气最低进行排序
ALL_DATA.sort(key=lambda data:data['最高气温'])
data = ALL_DATA[0:10]
#分别取出所有城市和温度
cities = list(map(lambda x:x['城市'],data))
temps = list(map(lambda x:x['最高气温'],data))
```

```
response = requests.get(url)
text = response.content.decode('utf-8')
# 需要用到html5lib解析器，去补全html标签
soup = BeautifulSoup(text, 'html5lib')
conMidtab = soup.find('div', class_='conMidtab')
tables = conMidtab.find_all('table')
for table in tables:
    trs = table.find_all('tr')[0:]
    for index,tr in enumerate(trs):
        tds = tr.find_all('td')
        city_td = tds[0]
        if index == 0:
            city_td = tds[1]
        city = list(city_td.stripped_strings)[0]
        temp_td = tds[1]
```

图 4－25　爬取网站内容主函数

（4）运行代码获得爬取结果。

图 4－26　爬取结果

二、MySQL 介绍及应用案例

（一）MySQL 介绍

MySQL 是一款非常优秀的自由软件，也是开放源代码的关系型数据库管理系统，它由瑞典 MySQL AB 公司 1995 年开发，迅速成为开源数据库 No1。2008 年，Sun 公司耗资 10 亿美元收购了 MySQL 数据库，2009 年 Oracle 收购了 Sun 公司，MySQL 数据库又成为 Oracle 公司的数据库产品。MySQL 数据库是目前世界上最流行开源关系数据库，大多应用于互联网行业。比如，在国内，大家所熟知的百度、腾讯、淘宝、京东等，国外的 Google、Facebook、Twitter、GitHub 等都在使用 MySQL。社交、电商、游戏的核心存储往往也是 MySQL。这都证明了 MySQL 数据库强大的生命力。

MySQL 是一个精巧的 SQL 数据库管理系统，而且是开源的数据管理系统。由于它的强大功能、灵活性、丰富的应用编程接口（API）以及精巧的系统结构，受到了广大自由软件爱好者甚至是商业软件用户的青睐，特别是与 Apache 和 PHP/PERL 结合，为建立基于数据库的动态网站提供了强大动力。

MySQL 是一个真正的多用户、多线程 SQL 数据库服务器。MySQL 是以一个客户机/服务器结构的实现，它由一个服务器守护程序 mysqld 和很多不同的客户程序和库组成。

SQL（结构化查询语言）是世界上最流行的和标准化的数据库语言，它使得存储、更新和存取信息更容易。能用 SQL 语言为一个网站检索产品信息及存储顾客信息，同时 MySQL 也足够快和灵活以允许存储记录文件和图像。

MySQL 软件采用了双授权政策，分为社区版和商业版，由于其体积小、速度快、总体拥有成本低，尤其是开放源码这一特点，一般中小型网站的开发都选择 MySQL 作为网站数据库。

MySQL 主要应用在以下场景：

1. Web 网站系统

Web 网站开发者是 MySQL 最大的客户群，也是 MySQL 发展史上最为重要的支撑力量。MySQL 之所以能成为 Web 网站开发者们最青睐的数据库管理系统，是因为 MySQL 数据库的安装配置都非常简单，使用过程中的维护也不像很多大型商业数据库管理系统那么复杂，而且性能出色。还有一个非常重要的原因就是 MySQL 是开放源代码的，完全可以免费使用。

2. 日志记录系统

MySQL 数据库的插入和查询性能都非常的高效，如果设计的好，在使用 MyISAM 存储引擎的时候，两者可以做到互不锁定，达到很高的并发性能。所以，对需要大量的插入和查询日志记录的系统来说，MySQL 是非常不错的选择。比如处理用户的登录日志，操作日志等，都是非常适合的应用场景。

3. 数据仓库系统

随着现在数据仓库数据量的飞速增长，需要的存储空间越来越大。数据量的不断增长，使数据的统计分析变得越来越低效，也越来越困难。下面是几个主要的解决思路：

（1）采用昂贵的高性能主机以提高计算性能，用高端存储设备提高 I/O 性能，效果理想，但是成本非常高；

（2）通过将数据复制到多台使用大容量硬盘的廉价 PC Server 上，以提高整体计算性能和 I/O 能力，效果尚可，存储空间有一定限制，成本低廉；

（3）通过将数据水平拆分，使用多台廉价的 PC Server 和本地磁盘来存放数据，每台机器上面都只有所有数据的一部分，解决了数据量的问题，所有 PC Server 一起并行计算，也解决了计算能力问题，通过中间代理程序调配各台机器的运算任务，既可以解决计算性能问题又可以解决 I/O 性能问题，成本也很低廉。

在上面的三个方案的实现，MySQL 都有较大的优势。通过 MySQL 的简单复制功能，可以很好的将数据从一台主机复制到另外一台，不仅仅在局域网内可以复制，在广域网同样可以。MySQL 是免费的，其他数据库大多都是按照主机数量或者 CPU 数量来收费，当我们使用大量的 PC Server 的时候，License 费用相当惊人。

4. 嵌入式系统

嵌入式环境对软件系统最大的限制是硬件资源非常有限，在嵌入式环境下运行的软件系统，必须是轻量级低消耗的软件。MySQL 在资源的使用方面的伸缩性非常大，可以在资源非常充裕的环境下运行，也可以在资源非常少的环境下正常运行。它对于嵌入式环境来说，是一种非常合适的数据库系统，而且 MySQL 有专门针对于嵌入式环境的版本。并且，MySQL 的定位是通用数据库，各种类型的应用一般都能利用到 MySQL 存取数据的优势。

业内生产实践证明，MySQL 更适合中小型企业。以目前的软硬件产品水平来看，如果数据超过几个 TB 将难以高效利用 MySQL。MySQL 可以作为传统的关系型数据库产品使用，也可以当作一个 key-value 产品来使用。由于它具有优秀的灾难恢复功能，因此相对于目前市场上的一些 key-value 产品会更有优势。

（二）常用语句

可以通过 MySQL 系统对数据库进行定义数据，操纵数据，查询数据，数据控制等。

1. 数据定义语言（DDL）

（1）创建表 create。

格式：

create table 表名称

(

列名称 1 数据类型，

列名称 2 数据类型，

列名称 3 数据类型，

....

）

（2）删除表 drop。

格式：

drop table 表名；

（3）修改表 alter。

格式：

增加表字段列：

alter table 表名 add 列名 列数据类型

删除表字段列：

alter table 表名 drop column 列名

修改表字段列：

alter table 表名 alter column 列名 列类型

清空表 truncate

格式：

truncate table 表名

2. 数据操纵语言（DML）

如向表中插入数据 insert、删除表中的数据 delete、修改表中的数据 update 等。

格式：

insert into 表名 values（值 1，值 2，…）

insert into 表名（列 1，列 2，…）values（值 1，值 2，…）

update 表名 set 列名称＝新值 where 列名称＝某值

delete 表名 where 列名称＝值

3. 数据控制语言（DCL）

数据控制语言，用来创建用户，给用户授权，撤销权限。格式：

grant＜权限＞on 表名［(列名)］to＜数据库用户＞

revoke＜权限＞on 表名［(列名)］from＜数据库用户＞

4. 数据查询语言（Data Query Language）

格式：

select 选择列 1，选择列 2，…

from 表名

where 条件

group by 分组列 1…

having 分组列条件

order by 排序列名

（三）常见函数

1. 聚合函数

max（colname）求 colname 字段中的最大的值

min（colname）求 colname 字段中的最小的值

avg（colname）求 colname 字段中的平均的值

sum（colname）求 colname 字段中的总和

count（colname）统计 colname 字段非空记录数

count（*）统计记录数

2. 日期函数

getdate（）获取当前时间

datediff（datepart，startdate，enddate）

比较两个日期差值，通常 startdate 代表较早时间

dateadd（datepart，number，date）

在 date 基础上加上一段时间

3. 字符函数

concat（str1，str2，…）字符串拼接函数

len（str1）字符串长度

replace（str1，str2，str3）

用第三个字符串替换第一个字符串中出现的所有第二个给定字符串

substring（str1，start，length）

从 str1 中的 start 位置开始取长度为 length 的字符串

4. 数值函数

abs（x）返回 x 的绝对值。

floor（x）返回不大于 x 的最大整数值。

mod（n，m），模操作。返回 n 被 m 除后的余数。

round（x）返回参数 x，其值接近于最近似的整数。

round（x，d）返回 x，其值保留到小数点后 d 位，而第 d 位的保留方式为四舍五入。若要接保留 x 值小数点左边的 d 位，可将 d 设为负值。

truncate（x，d）返回被舍去至小数点后 d 位的数字 x。若 d 的值为 0，则结果不带有小数点或不带有小数部分。可以将 d 设为负数，若要截去（归零）x 小数点左起第 d 位开始后面所有低位的值。

（四）应用案例

应用案例一：统计投资计划完成率

在某次工程审计中，我们有一条需求是在阿里云数据中台 ODPS 数据库中获取项目预算成本信息中间表中的所有项目的投资计划金额信息，应用项目成本明细中间表获取所有项目的总投资金额，最后运用总投资金额除投资计划金额得到投资计划完成率。

在这个需求中，使用到了 MySQL 中的多表关联、分组聚合函数方法。

1. 确定要查询的表

确定我们查询的项目投资计划金额信息在 QRYE_W_PROJECT_BudgetCost（工程项目预算成本信息），项目总投资金额在 QRYE_W_PROJECT_CostDetail（项目成本明细）等中间表中。

中间表名	中间表名中文描述
QRYE_W_PROJECT_BudgetCost	工程项目预算成本信息
QRYE_W_PROJECT_CostDetail	项目成本明细表

图 4－27　确定待查询表名

2. 确定要查询的字段

使用 select 方法选择我们需要的字段，作为 b 表，使用聚合函数 sum（）获得项目金额。

```
(
    SELECT  prctr,-- 利润中心
    ktext,-- 利润中心名
    pspid,-- 项目定义
    post1,-- 项目名称
    sum(wkgbtr) wkgbtr -- 金额
    FROM DWA_SJ_PROD.ADS_PRJ_SZHSJ_QRYE_W_PROJECT_COSTDETAIL_A_WF
    WHERE DS =MAX_PT('DWA_SJ_PROD.ADS_PRJ_SZHSJ_QRYE_W_PROJECT_COSTDETAIL_A_WF')
    group by  prctr,ktext,pspid,post1
) B
```

图 4-28 编写 SQL 脚本

3. 将工程项目预算成本信息表作为 a 表

4. 添加关联条件

```
where  B.PSPID =A.PSPID
```

图 4-29 添加关联条件

在这条需求中，以‘项目定义（psid）’字段进行关联，获取。

5. 运行得到结果

最后运行查询语句就可以得到中每个项目的计划投资额，总投资金额，最后运用总投资金额除投资计划金额得到投资计划完成率。

利润中心	项目定义	项目名称	计划投资	实际金额	rat
L[redacted]000000	18[redacted]1P3	[redacted]市白泽变1[redacted]线改造工	1199400.0	1181123.56	98.48%
L[redacted]000000	18[redacted]1CV	[redacted]市10kV罗[redacted]大燕窠	400000.0	393869.3	98.47%
L[redacted]100000	18[redacted]07G	[redacted]山台区新[redacted]	365000.0	359394.96	98.46%
L[redacted]000000	18[redacted]0GR	[redacted]19#开[redacted]择	3349300.0	3206012.47	98.44%
L[redacted]000000	18[redacted]145	[redacted]区白[redacted]新建工	357300.0	351693.49	98.43%
L[redacted]000000	18[redacted]027	[redacted]35千伏[redacted]城103	790900.0	778517.75	98.43%
L[redacted]200000	18[redacted]0KA	[redacted]10千[redacted]村塘稍	615800.0	606091.54	98.42%
L[redacted]000000	18[redacted]3VK	[redacted]大学[redacted]kV线路	1630000.0	1604019.19	98.41%
L[redacted]000000	18[redacted]0BX	[redacted]三汉[redacted]区新增	298500.0	293748.13	98.41%
L[redacted]100000	18[redacted]03J	[redacted]台义丁	261800.0	257585.3	98.39%
L[redacted]100000	18[redacted]00F	[redacted]0kV工[redacted]稻、中	956000.0	940582.22	98.39%
L[redacted]200000	18[redacted]0P4	[redacted]县10千[redacted]关大兴	485500.0	477612.06	98.38%
L[redacted]000000	18[redacted]08F	[redacted]司201[redacted]48线路	1980000.0	1947929.96	98.38%
L[redacted]100000	18[redacted]03N	[redacted]县平[redacted]部台区	344300.0	338712.23	98.38%

图 4-30 运行得到查询结果

应用案例二：水泥杆底盘一致性分析

在以往的任期审计中，有一个审计是对水泥杆卡底盘一致性分析审计，获取项目成本明细表所有项目水泥杆、卡盘、底盘数量。

该需求同样也是基于阿里云数据中台 ODPS 数据库，在这个需求中，我

们还使用了 MySQL 中的中函数计算水泥杆、卡盘、底盘的数量。

1. 确定要查询的表及字段信息

同上一案例，确定我们查询的字段在哪些表中，此案例我们用到了项目成本明细表这张表中的字段。

```
select
    a.prctr 利润中心,a.pspid 项目定义,a.post1 项目名称,
    sum(case when maktx like '%水泥%卡盘%' then menge else 0 end )      卡盘, --卡盘
    sum(case when maktx like '%水泥%底盘%' then menge else 0 end )      卡盘,--卡盘
    sum(case when maktx like '%锥形水泥杆%10m%' then menge else 0 end ) 10m水泥杆,--10m水泥杆
    sum(case when maktx like '%锥形水泥杆%12m%' then menge else 0 end ) 12m水泥杆,--12m水泥杆
    sum(case when maktx like '%锥形水泥杆%15m%' then menge else 0 end ) 15m水泥杆,--15m水泥杆
    sum(case when maktx like '%锥形水泥杆%18m%' then menge else 0 end ) 15m水泥杆--15m水泥杆
from dwa_sj_prod.ADS_PRJ_SZHSJ_QRYE_W_PROJECT_COSTDETAIL_A_WF a
where a.ds =max_pt('dwa_sj_prod.ADS_PRJ_SZHSJ_QRYE_W_PROJECT_COSTDETAIL_A_WF')
```

图 4-31　编写 SQL 脚本

2. 使用字符函数处理字段

SUBSTR（）函数：

```
(substr(a.pspid,1,1) in ('2','4','B') or substr(a.pspid,1,2) ='18')
```

3. 获取查询结果

利润中心	项目定义	项目名称	卡盘	底盘	10m水泥杆	12m水泥杆	15m水泥杆	18m水泥杆
[redacted]	[redacted]	[redacted]	4.0	2.0	0.0	0.0	5.0	0.0
[redacted]	[redacted]	[redacted]	0.0	0.0	0.0	0.0	3.0	0.0
[redacted]	[redacted]	[redacted]	0.0	0.0	0.0	0.0	2.0	0.0
[redacted]	[redacted]	[redacted]	0.0	0.0	0.0	19.0	10.0	0.0
[redacted]	[redacted]	[redacted]	0.0	0.0	0.0	0.0	0.0	0.0
[redacted]	[redacted]	[redacted]	4.0	2.0	0.0	0.0	2.0	0.0
[redacted]	[redacted]	[redacted]	4.0	2.0	0.0	0.0	2.0	0.0
[redacted]	[redacted]	[redacted]	82.0	41.0	0.0	45.0	11.0	0.0
[redacted]	[redacted]	[redacted]	74.0	64.0	0.0	42.0	22.0	0.0
[redacted]	[redacted]	[redacted]	6.0	3.0	0.0	3.0	0.0	0.0

图 4-32　运行得到查询结果

第三节　可视化建模工具

一、可视化技术定义

可视化技术是一种通过将数据编码为可视对象（如点、线、颜色、位置

关系、动态效果等），并将对象组成图形来传递信息的技术，其目的是以清晰且高效的方式将信息传递给用户，利用人眼的感知能力对数据进行交互的可视化表达以增强认知。

综上所述，可视化是一种通过充分利用人类视觉带宽（包括人机交互行为中的动态视觉）来提升人类数据理解能力、协助数据思考决策的技术。通俗释义：有图有真相。

二、常用数据可视化工具

常见的数据可视化工具可以分为所见即所得的“傻瓜式”操作工具类和代码开发类。

操作工具类可视化工具指各种各样的办公软件、BI 系统、仪表盘工具、单机工具等，如 Quick BI、Realinsight、Office 套装、商业软件 Tableau、开源软件 Gephi 等。代码开发类可视化工具指基于各编程语言开发的强大的库，如 D3.js，百度的 eChrts，Python 的 Matplotlib、Networkx、Seaborn，R 语言的 Shiny 等。

三、通用可视化

（一）直方图

直方图（Histogram）又称质量分布图，是一种统计报告图，是数值数据分布的精确图形表示，表示一个连续变量概率分布的估计。直方图以一系列高度不等的纵向条纹或线段表示数据分布的情况，一般用横轴表示数据类型，纵轴表示分布情况。直方图示例如图 4－33 所示。

（二）散点图

散点图（Scater）从形式上看，就是以 x 轴和 y 轴确定点在坐标系中的分布位置也叫散布图。散点图可以用来展现不同变量之间的关系，展现数据的分布和聚合情况。用户可以通过添加趋势线、拟合线的方式，判断数据的趋势、集中度和极值等。散点图示例如图 4－34 所示。

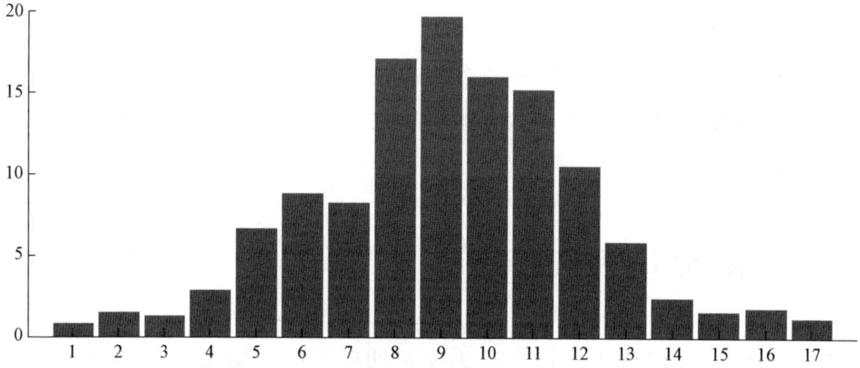

图 4－33　直方图示例

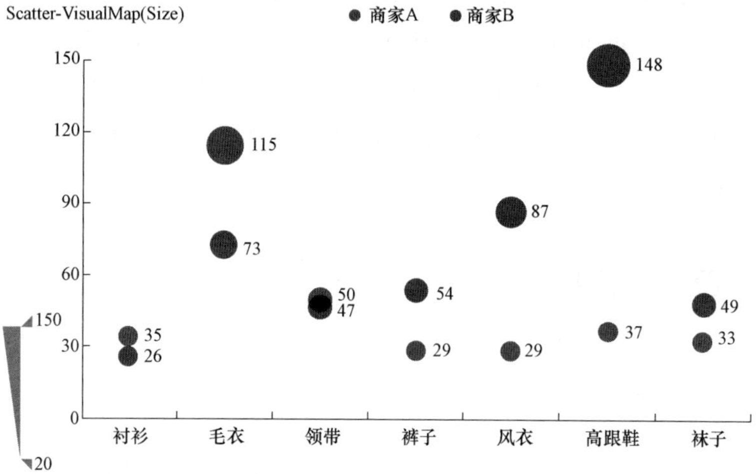

图 4－34　散点图示例

（三）箱体图

箱体图（Boxplot）是一种表示数据分布的方法。基本的箱体图从上到下分别为耶大值、上四分位、均值、下四分位、最小值。有的箱体图中还会加人异常值等。箱体图的作用：① 直观明了地展示数据中的异常值；② 判断数据的偏态和尾重；③ 比较不同批次的数据形状。箱体图示例如图 4－35 所示。

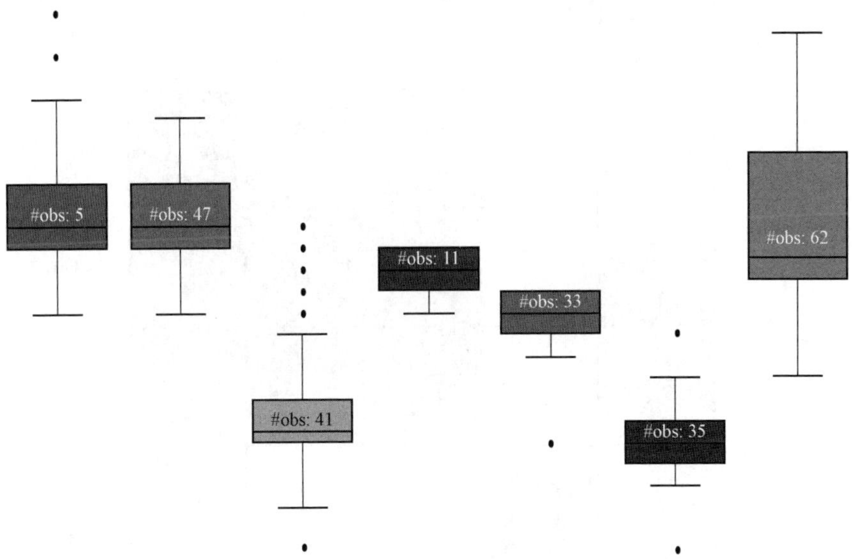

图 4－35　箱体图示例

四、多变量可视化

（一）热力图

热力图（Heat Map）可以比较直观地用不同颜色的区块呈现数据的分布情况。例如，可以用于展示不同时间段上访客数量情况，可以基于地图展示客户聚集情况。热力图在进行机构周边客群分析时比较直观。热力图示例如图 4－36 所示。

（二）桑基图

桑基图（Sankey）也叫桑基能量分流图、桑基能量平衡图。“桑基图”一名来源于爱尔兰人里的亚尔，桑基（Riall Sankey），他因在展示蒸汽能源效率时使用了该类型图表而闻名。桑基图在遵循守恒定律的前提下，能形象地展示能量、资金、人员、资源等数据的流转。例如，分析时间都去哪儿了？工资都去哪儿了？费用都花在哪里了？桑基图示例如图 4－37 所示。

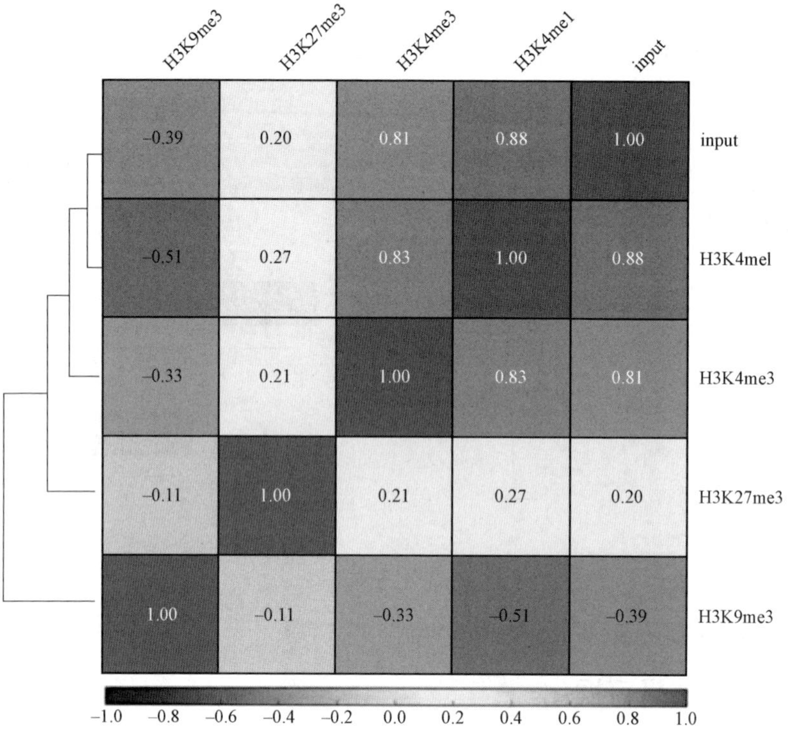

图 4-36　热力图示例

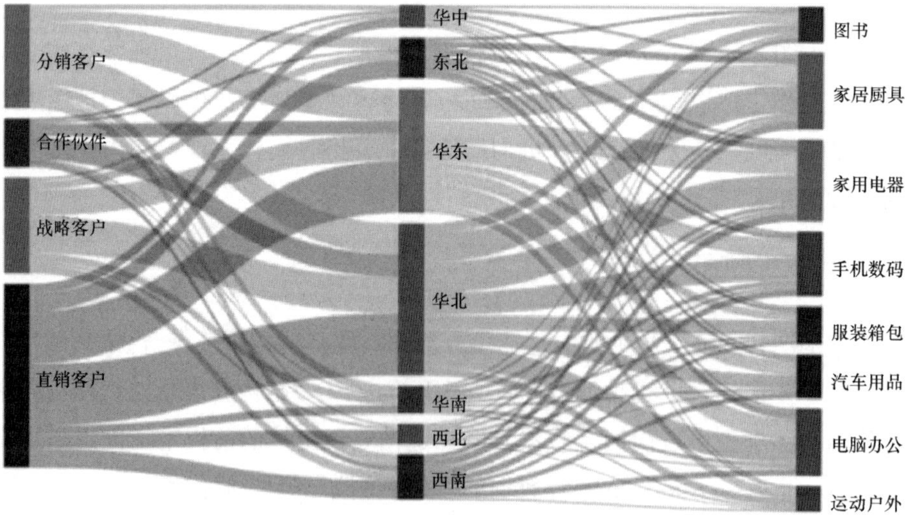

图 4-37　桑基图示例

（三）旭日图

旭日图（Sunburst）也叫太阳图，由多层的环形图组成，既可以想饼图一样展现局部和整体的占比，又可以表现清晰的多层级和归属关系（内环是外环的父节点，离圆心越近代表级别越高）。旭日图示例如图 4–38 所示。

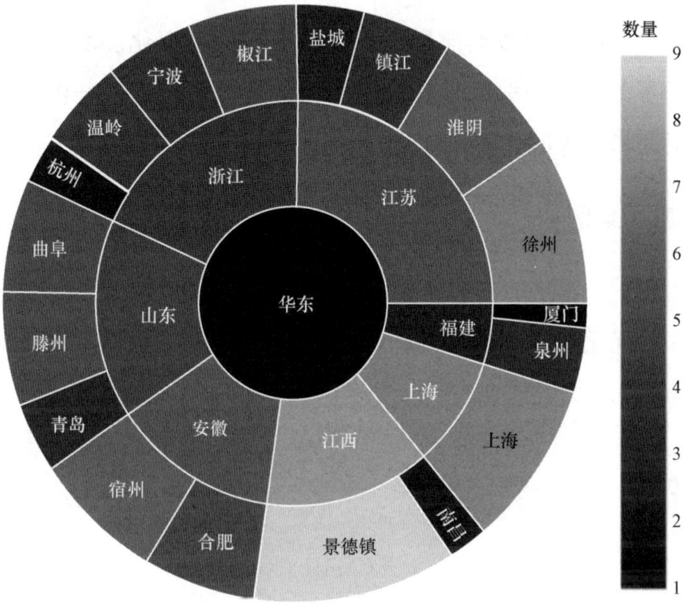

图 4–38　旭日图示例

五、QUICK BI 介绍及应用

（一）介绍

Quick BI 是一个基于云计算的、灵活的、轻量级的自助商业智能 BI（Busi ThessI Thtellige Thce）工具服务平台。Quick BI 支持连接多种数据源：

大数据计算服务 MaxCompute（原名 ODPS）、云数据库 RDS 版、分析型数据库 MySQL 版（AThalyticDB for MySQL）和云数据库 HybridDB for MySQL（原名 PetaData）。

ECS 上自建的 MySQL 数据库和 SQL Server 数据库。

VPC 数据源。

Quick BI 可以对海量数据进行实时在线分析，您无需提前进行大量的数据预处理就可以得到秒级回应。Quick BI 还支持每天 TB 级的增量数据处理。

通过提供智能化的数据建模工具以及丰富的可视化图表工具，Quick BI 极大地降低了数据的获取成本和使用门槛，完成数据透视分析、自助取数、业务数据查询和报表制作等工作。

（二）应用案例

应用案例一：物资库存积压情况分析

统计并可视化展示物资库存积压情况，分析其库存物资金额及数量情况。

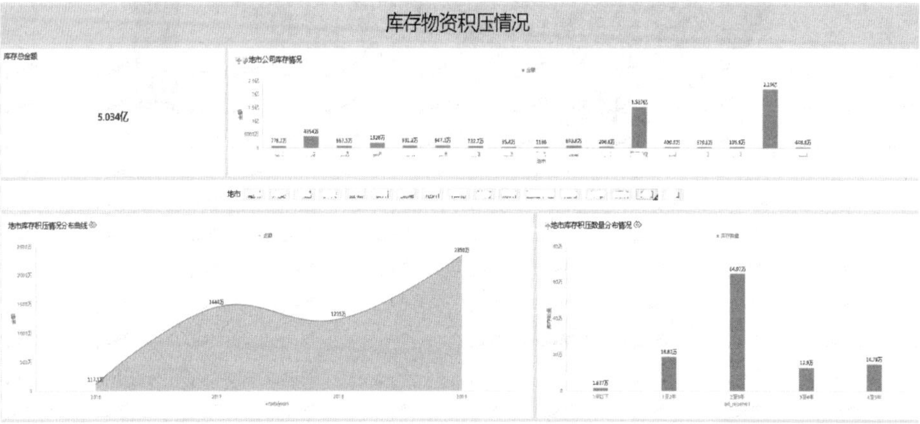

图 4－39　库存物资积压情况图

应用案例二：单位及组织机构按板块分布情况

统计电网单位及组织机构在中国境内及境外分布清单，通过热力图、列表等形式展示其分布情况。

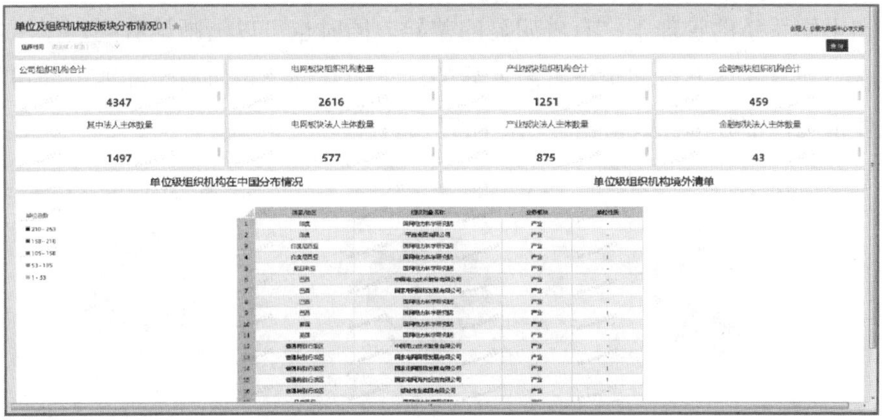

图 4－40 单位及组织机构分布图

六、REALINSIGHT 介绍及案例

（一）Realinsight 介绍

Realinsight 是由第三方公司自主研发的一款面向企业（组织）各级人员的自服务分析探索与数据资源运营平台，提供数据连接、数据资产管理、图表分析、仪表板展示、分享发现等功能，以自助式探索的方式将 DIKW 体系模型付诸实践，实现“数据汇聚－数据加工－可视化分析展示－报告共享”数据分析全生命周期的管理，实现更快速的业务洞察与更明智的数字化决策。

（二）应用案例

应用案例一：基于 10kV 变压器数据质量情况应用场景

10kV 变压器是电网企业最基础、最重要的资产之一，涉及范围广、体量大。设备、营销、财务等部门对其有不同的管理职责，应用 Realsight 可视化建模工具，对 10kV 变压器在不同系统间的数据贯通情况、设备状态差异情况进行全量、跨域分析。

首先，统计该公司 10kV 变压器的总体情况。应用设备台账、变压器基础信息、资产信息三张审计中间表，发现 10kV 变压器在 PMS 系统共有 37.02 万台、SG186 系统 35.47 万台、ERP 系统 38.23 万台。同是变压器，在不同部门和不同系统的管理下，有着明显的差异。同时也可以清晰地看到，变压器的状态信息在各系统间也是有所差异的。下面是该公司所属全部地市公司的具体情况，部分单位数量差异还是比较大的。

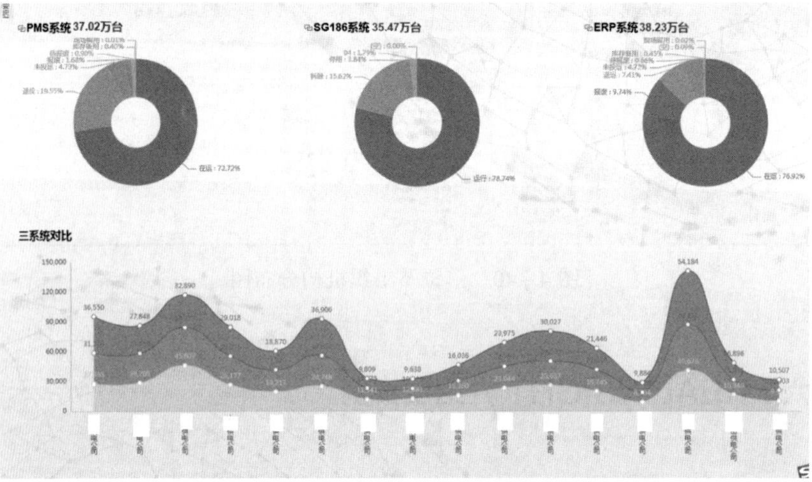

图 4－41　三系统比对

针对上述现象，统计该公司全省 ERP 系统与业务系统差异情况，总共有 72370 台，将近占到全省变压器总数量的 20%。

图 4－42　业财未贯通情况

再看一下该公司已贯通的设备资产，他们的设备资产状态差异情况，经过统计，设备状态信息不一致的占比 23.28%。

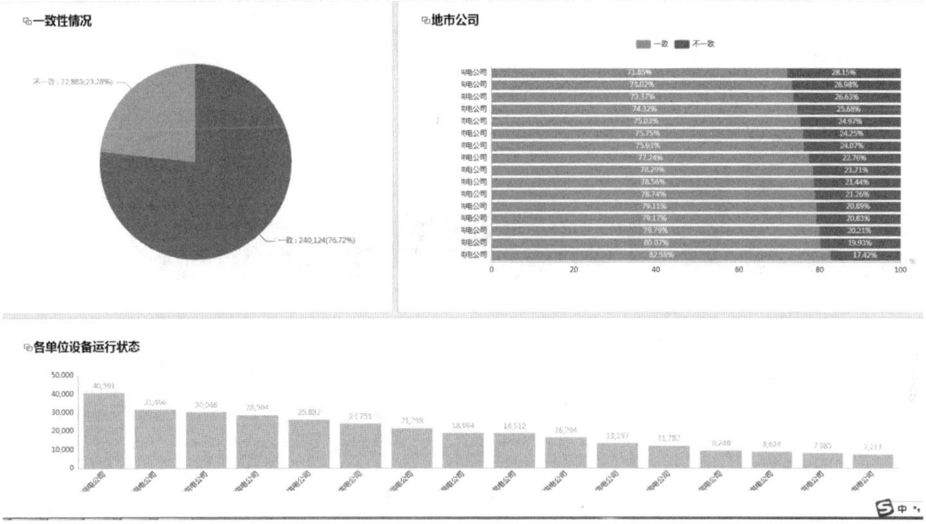

图 4－43　资产状态差异情况

针对设备资产状态不一致情况，该公司设计了自由筛选条件，可以根据需要自由选择。

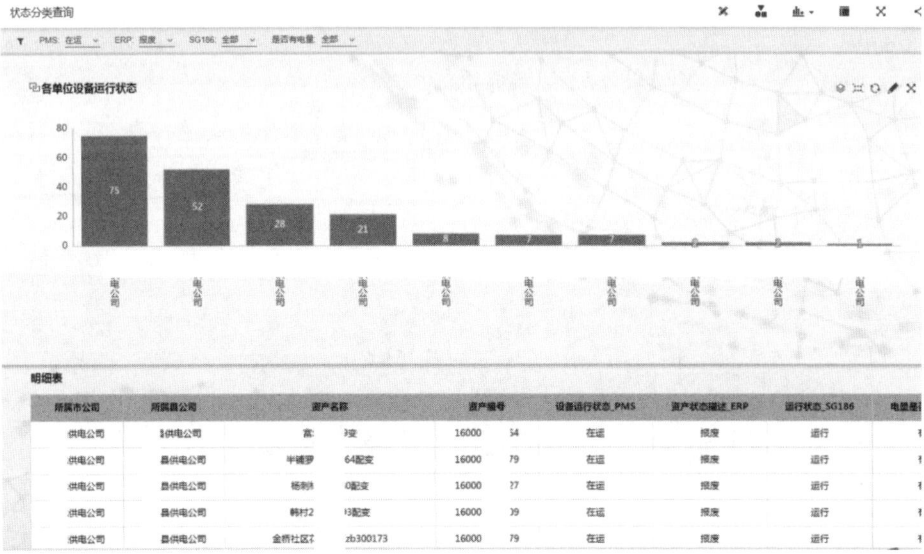

图 4－44　状态分别情况

该公司在开展的全数字化综合审计以及任期审计中对上述现象予以关注，并进行了核实。经过核实，发现存在设备仍在运行但账面资产已经报废、未及时办理报废程序、工程已竣工待拆除设备长期滞留施工现场等问题。

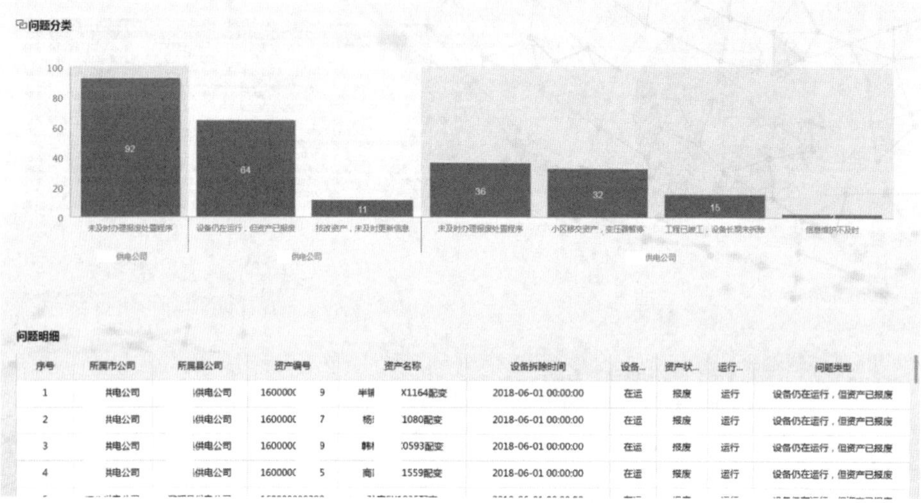

图 4－45　问题明细

随着数字化审计的持续推进，各系统数据的不断接入，该公司也在不断拓展该审计模型。比如，该公司结合近年来开展的营配贯通数据专项治理工

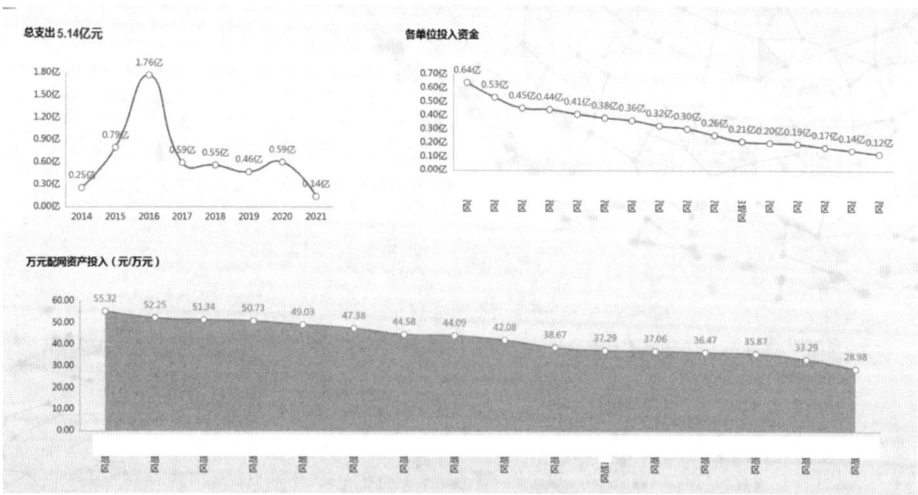

图 4－46　总体分析

作，应用项目成本明细中间表、科目汇总明细中间表，可以看到该专项工作开展以来的总体支出以及各单位投入资金情况。图 4-46 中可以明显地看出，部分单位万元配网资产投入较大，但成效不明显。部分单位投入比较小，成效相对明显。

应用案例二：逾龄资产占比情况分析

在日常审计中，大家往往更多的关注资产采购过程管理方面的问题，忽视了的库存资产分析。下面以资产库存为切入点，应用 Realsight 可视化建模工具，全量分析该公司库存资产相关数据，设置异常规则，筛选出疑点，再进一步分析，从而发现库存管理存在的问题。

分析库存资产及占比情况，如果某家地市公司库存物资入库时间和当前时间比对，计算库存物资的库龄，库龄超过 1 年及以上的作为疑点，从资产类型分布方面开展分析。

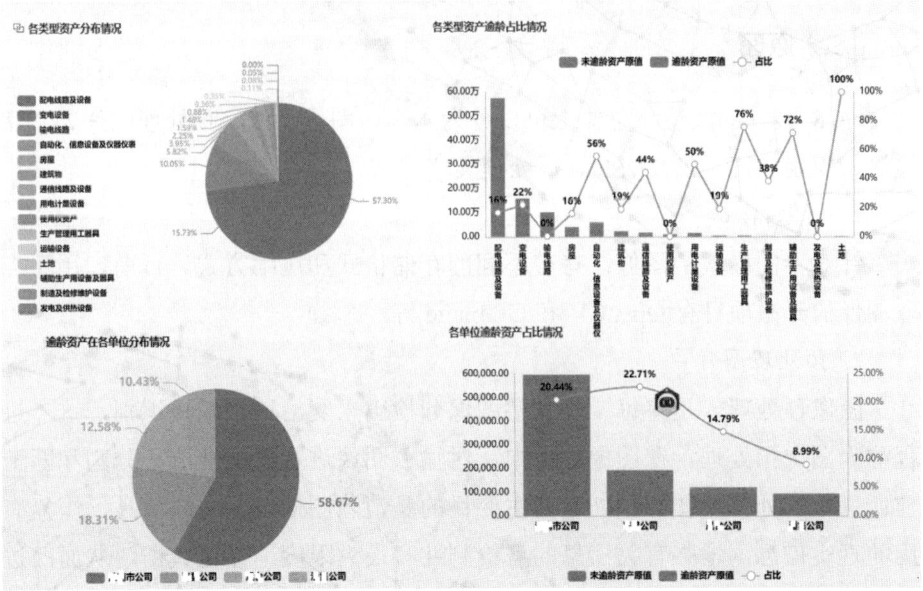

图 4－47　各类资产逾龄占比情况

第四节 新 技 术

一、OCR 技术

（一）定义

OCR（Optical Character Recognition），中文是光学字符识别。OCR 技术解决了识别各种不同字符的问题。手写和印刷字符都可以被识别并转换为机器可读的数字数据格式。通过使用 OCR，可以将需要数字化的任何类型的序列号或包含数字和字母的代码转换为数字输出。该技术利用了许多不同的技术。简而言之，对所拍摄的图像进行处理，提取字符，然后对其进行识别。

它的本质是：把图像形状转变为文本字符。

（二）原理

OCR 技术的实现，总体上可以分为六步：图像输入、预处理图片、文字检测、识别字符、恢复版面、后处理文字。

1. 图像输入

针对不同格式的图像，有着不同的存储格式和压缩方式。目前，用于存取图像的开源项目有 OpenCV 和 CxImage 等。

2. 预处理图片

图像预处理，是将每一个文字图像分检出来交给识别模块识别，这一过程称为图像预处理。在图像分析中，对输入图像进行特征抽取、分割和匹配前所进行的处理。图像预处理的主要目的是消除图像中无关的信息，恢复有用的真实信息，增强有关信息的可检测性和最大限度地简化数据，从而改进特征抽取、图像分割、匹配和识别的可靠性。

预处理主要包括二值化、噪声去除和倾斜较正。

（1）二值化：大多数情况下，使用摄像头拍摄的图片都是彩色图像，彩色图像包含的信息量非常丰富，需要进行简化。我们可以将图片的内容简单地分为前景和背景，为了让计算机更快地、更好地识别文字，需要先对彩色图像进行处理，使图片只剩下前景与背景信息，即简单地定义前景信息为黑色，背景信息为白色，这就是二值化图。

（2）噪声清除：对于不同的文档，噪声的定义可以不同。根据噪声的特征进行消除处理，这就叫做噪声去除。

（3）倾斜校正：通常情况下，用户拍摄的照片比较随意，很有可能拍照文档会产生倾斜。这时，需要使用文字识别软件进行校正。

3. 文字检测

文本检测即检测文本的所在位置和范围及其布局。通常也包括版面分析和文字行检测等。文字检测主要解决的问题是哪里有文字，文字的范围有多大。文字检测理念上和目标检测类似，但因为文字展现的复杂多样性，存在长宽不定、形状扭曲旋转等特点，所以现成的目标检测方法并不能直接用于文字检测。

4. 识别字符

文本识别是在文本检测的基础上，对文本内容进行识别，将图像中的文本信息转化为文本信息。文字识别主要解决的问题是每个文字是什么。识别出的文本通常需要再次核对以保证其正确性。文本校正也被认为属于这一环节。而其中当识别的内容是由词库中的词汇组成时，我们称作有词典识别（Lexicon－based），反之称作无词典识别（Lexicon－free）。

对于文本识别目前主要有 4 种架构，大致可分为 2 种方法，基于 CTC－based 方法和 Attention－based 方法。

5. 恢复版面

通常，我们希望识别后的文字，仍然按照原文档图片那样排列着，保持段落不变、位置不变、顺序不变，之后输出到 Word 文档或 PDF 文档，这个过程就叫做版面恢复。

6. 后处理文字

不同的语言环境中，语言的逻辑顺序是不同的。因此，需要根据语言特征的上下文，对识别后的结果进行校正，这个过程就是后处理。

OCR 技术在使用的过程中，涉及的工作流程较多。然而，从实际工作的情况来看，使用 OCR 技术进行图像识别的时间通常只有零点几秒，但是却要重视其前期与后期的加工处理。尤其是影像输入与前期处理工作的效果，直接决定了 OCR 软件的最终识别率，前两环节的处理质量越好，OCR 工作的效率就越高。而后期的人工校正环节，主要是对前面各个流程工作的校验与检查，确保 OCR 工作的质量不受影响。

（三）应用实例

在供应商管理审计中，运用 OCR 技术对外部网页截取的供应商股权穿透图、企业关系进行识别。分析供应商的实际控股情况，见图 4－48。

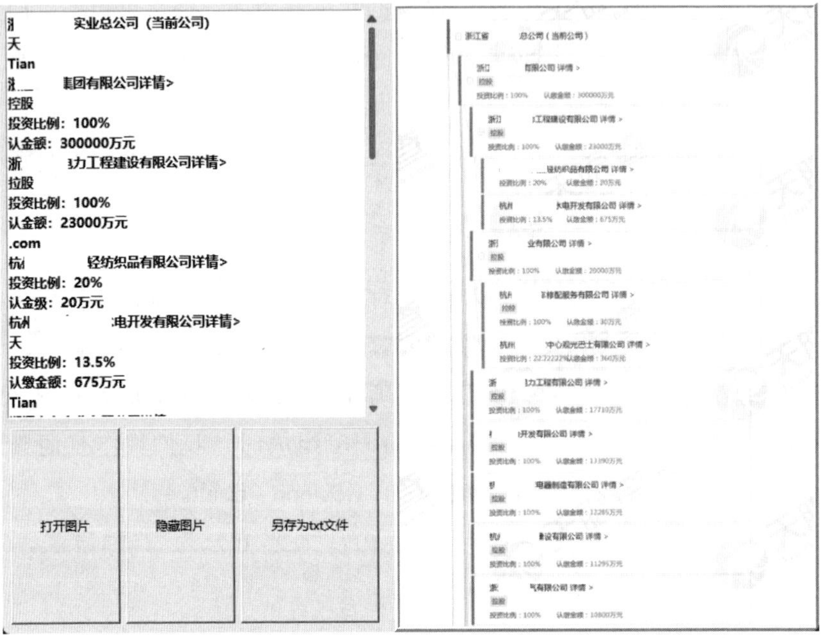

图 4－48　OCR 识别股权信息

二、知识图谱技术

（一）定义

知识图谱（Knowledge Graph）本质上是一种叫做语义网络（semantic

network）的知识库，即具有有向图结构的一个语义知识库，用于以符号形式描述物理世界中的概念及其相互关系。其基本组成单位是“实体—关系—实体”三元组，以及实体及其相关属性值对，实体间通过关系相互联结，构成网状的知识结构。

（二）原理

知识图谱采用三元组描述事实，所使用的描述语言大多是已研发的本体语言，如 RDFS（三元组：一种资源描述框架）、OWL（网络本体语言）等。知识图谱也可以通过 RDFS 或 OWL 定义规则用于知识推理。知识图谱的基本构建流程涉及：

1. 本体构建

本体即 Schema 是图谱的模型，是对构成图谱的数据的一种约束。schema 构建非常重要。可以通过梳理领域知识、术语词典、人工经验等作为 schema 构建的基础，结合知识图谱的应用场景来完善图谱的构建，最终获得实体类别、类别之间的关系、实体包含的属性定义。

Schema 包含的内容为概念、属性（数值属性、对象属性）。

概念主要是指集合、类别、对象类型、事物的种类，如人、动物等。通俗的说，概念类似一个分类，比如人可以是一类，而具体的人，张三就是这个概念下的一个实体。

属性主要是指对象可能具有的属性、特征、特点及参数，如地点、性别、生日等。通俗的说，属性是实体具体的标记，可以表示实体自己的拥有的东西，以可以表示实体和其他实体之间的关系，实体自己的东西叫数字属性；实体和其他实体之间的关系，叫对象属性。比如性别男就是张三自己的标记，就是张三的数字属性，而张三和李四是兄弟，这个兄弟关系就是张三的对象属性。

属性值主要是指属性的值，可以是数值型、字符串型的，也可以是其他实体对象，如可定义人、运动员等概念，而运动员和人是上下位关系。对于人这个概念，可以定义、身高、生日、配偶等属性及属性的约束条件。

知识图谱是由知识框架和实体数据共同构成的。实体数据必须满足框架所规定的条件。框架即 schema，而实体数据即为关系型数据库里存储的数据。好比根据数据字段以及业务需求，来建立起一个个的文件夹，以及文件夹之间的关联关系。然后把原始数据库中的数据按照这个文件夹分门别类地放进去。

2. 数据源配置

数据：数据在入图之前，需要将不同类型、不同格式的数据进行初步的整理。比如：针对本地非电子化文档，需要先进行扫描电子化，结合OCR等技术将扫描件转换成文本文档；针对本地电子化文档，需要将本地文档按文档类型、格式进行归档解析整理成规范的格式，或者针对网络资源，需要根据网站特点，开发相应的爬虫，对数据进行爬取，并存储到本地数据库等。还有一些第三方资源，需要获取相应的数据访问接口，并通过接口获取相应数据。

知识图谱是符号主义人工智能的代表，核心在于对多模、多源异构数据和多维复杂关系的高效处理与可视化展示，将社会生活与生产活动中难以用数学模型直接表示的关联属性，融合成一张以关系为纽带的数据网络。通过对关系的挖掘与分析，能够找到隐藏在行为之下的关联，并进行直观的展示。

3. 知识抽取

知识抽取，即从不同来源、不同结构的数据中进行知识提取，形成知识（结构化数据）存入到知识图谱。其中的关键问题是如何从异构数据源中自动抽取信息得到候选知识单元信息抽取是一种自动化地从半结构化和无结构数据中抽取实体、关系以及实体属性等结构化信息的技术，涉及的关键技术包括：实体抽取、关系抽取和属性抽取。实体抽取，也称为命名实体识别（named entity recognition，NER），是指从文本数据集中自动识别出命名实体.实体抽取的质量（准确率和召回率）对后续的知识获取效率和质量影响极大，因此是信息抽取中最为基础和关键的部分；关系抽取文本语料经过实体抽取，得到的是一系列离散的命名实体，为了得到语义信息，还需要从相关语料中提取出实体之间的关联关系，通过关系将实体（概念）联系起来，才能够形成网状的知识结构。研究关系抽取技术的目的，就是解决如何从文本语料中抽取实体间的关系这一基本问题。属性抽取：属性抽取的目标是从不同信息源中采集特定实体的属性信息。例如针对某个公众人物，可以从网络公开信息中得到其昵称、生日、国籍、教育背景等信息。属性抽取技术能够从多种数据来源中汇集这些信息，实现对实体属性的完整勾画。

4. 知识融合

通过信息抽取，实现了从非结构化和半结构化数据中获取实体、关系以及实体属性信息的目标，然而，这些结果中可能包含大量的冗余和错误信息，数据之间的关系也是扁平化的，缺乏层次性和逻辑性。因此有必要对其进行清理和整合。知识融合包括 2 部分内容：实体链接和知识合并。通过知识融合，可以消除概念的歧义，剔除冗余和错误概念，从而确保知识的质量。

5. 知识加工

通过信息抽取，可以从原始语料中提取出实体、关系与属性等知识要素。再经过知识融合，可以消除实体指称项与实体对象之间的歧义，得到一系列基本的事实表达。然而，事实本身并不等于知识，要想最终获得结构化、网络化的知识体系，还需要经历知识加工的过程。知识加工主要包括 3 方面内容：本体构建、知识推理和质量评估。

6. 知识更新

人类所拥有的信息和知识量都是时间的单调递增函数，因此知识图谱的内容也需要与时俱进，其构建过程是一个不断迭代更新的过程。

（三）应用实例

在招投标审计中，运用知识图谱技术对投标人的注册资本、公司规模、近期风险、失信被执行等情况以及与其他公司存在的股权关系、高管任职关系、业务往来关系等建立知识图谱，可分析投标人业务承揽能力和存在的围标串标问题，见图 4－49。

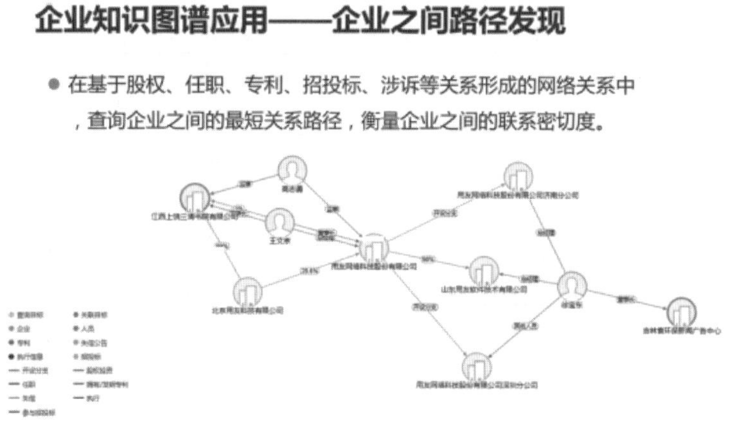

图 4－49　企业知识图谱应用

第五章

电网企业工程数字化审计流程

审计流程是审计的基础和前提，通过建立审计流程，可以便于新进审计人员和被审计单位形象的理解审计工作，也便于随后开展的审计质量控制。本章论述的电网企业工程数字化审计流程以审前调查为开端，通过数据溯源、建立审计中间表、建模分析、疑点核实取证、编制审计底稿，最终拟制审计报告，以及开展后续审计。具体见图 5-1。

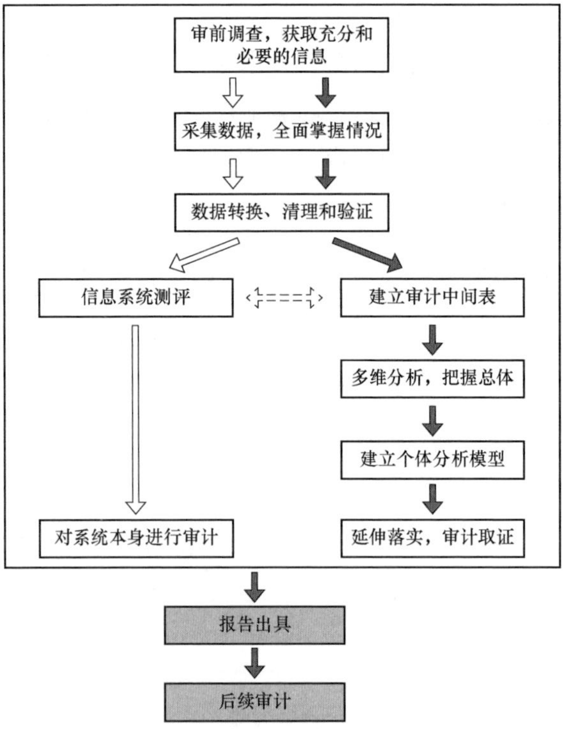

图 5-1　工程数字化审计流程图

第一节　审　前　调　查

了解工程管理的业务逻辑、管理要求、数据需求、关键风险点等，从而确定审计规则。

一切审计工作都应根据审计对象的现有业务情况开展分析。因此在进行工程数字化审计工作开展初期，必须对被审计单位工程管理要求、业务流程、业务做法、业务规则等方面进行充分了解。同时应调查了解被审计单位信息系统部署及数据存储情况，包括使用的数据库、数据存储格式、基本表格式及业务流程等。

工程项目管理是在投资计划下达后，以项目建设进度管理为主线，通过计划、组织、控制与协调，有序推动工程建设，全面实现项目建设目标的过程。电网企业工程项目根据工程项目进度，可以分为项目决策阶段、前期阶段、施工阶段、竣工阶段、投产使用五个阶段，相关资料分别在规划系统、协同办公系统、PMS 系统、招标采购平台、ERP 系统、配网管控系统、财务管理系统等存储。五个阶段分别对应工程造价的估算、概算、预算、结算、决算五个阶段。具体见图 5-2。

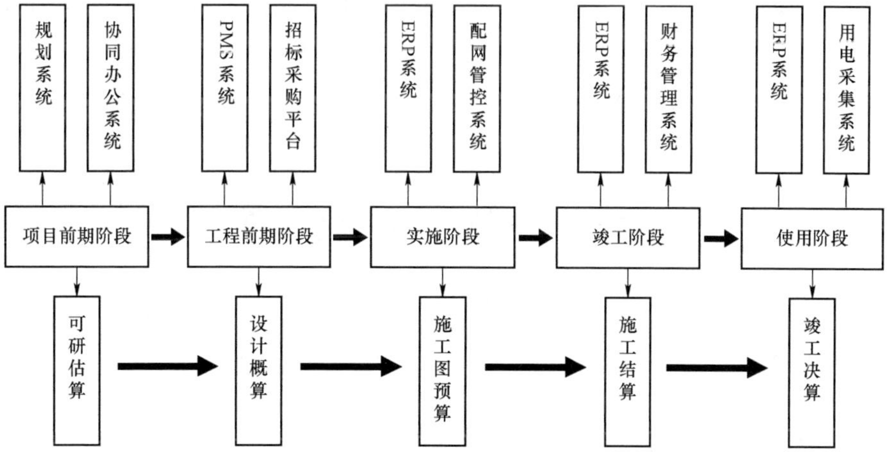

图 5-2　电网工程管理阶段对应数据分析图

（1）项目前期阶段工作包括报审项目建议书、编制评审可行性研究报告、编制规划选址、用地预审、环境评价等专题评估报告、落实各项支持性文件、编制报送核准申请报告等工作，可以进一步延伸到勘测设计、物资申报采购等内容。此阶段系统操作包括在规划系统各种将项目列入储备项目。

（2）工程前期阶段工作包括项目管理策划、设计招标、初步设计、物资招标、施工图设计、监理招标、施工招标、签订相关合同和安全协议、办理施工许可相关手续和三通一平工作。此阶段系统操作包括在 ERP 系统中创建项目、在招标采购平台开展物资、设计、施工、监理招标，在协同办公系统签订合同。

（3）实施阶段工作包括编制并上报停电计划、编制“三措一案”、工程开工、土建（基础）、安装（组塔及架线）、调试及阶段性验收，施工过程中还将开展安全、质量督查、中间验收、青苗、占地赔偿等民事协调。此阶段系统操作包括在配网精益管控系统维护工程进度、根据工程进度在 ERP 系统中计入项目成本。

（4）竣工阶段工作包括：开展工程竣工验收、编制设备资产移交清册、建立资产卡片、报废并处理拆旧资产、开展工程结算审计。此阶段系统操作包括在 ERP 系统中创建新增设备资产卡片、履行拆旧设备报废、实施 ERP 项目状态标注。

（5）使用阶段工作包括：开展决算审计、工程财务转资、建设单位移交设备给使用单位，使用单位使用并维护设备。此阶段系统操作包括在 ERP 系统中完成工程转资、资产折旧、在 SCAD 系统或者用电采集系统中接入资产信息、根据使用情况接入负载率信息。

第二节　数　据　溯　源

根据数据需求，从中台中了解数据来源，数据校验、清理等。

1. 数据溯源

根据业务分析情况，由审计专项项目组成员多方研讨，梳理整合形成审计数据需求表，据需求表包含审计分析模型所需的所有字段。电网工程数字化审计建模必需的字段包括项目编码、计划金额、投资规模、计划下达时间、转资金额、资本化时间、资产名称、资产编码、设备编码、设备名称、供电量、售电量、设备负载率、项目建设内容等。

数据获取主要通过以下三种方式进行：① 业务信息系统数据库数据传输至数据中台，优先从数据中台抽取数据；② 如果数据中台抽取的数据不能满足需求，从业务系统客户端或访问页面前台查询或导出；③ 由业务人员线下提交信息报表或从系统外部获取。对于外部数据，通过公司数据管理部门掌握的外部数据清册，查询是否存在符合所需做法、统计口径、时间范围的数据，明确数据格式、管理部门及负责人员。

应厘清业务数据流转、数据关联、数据逻辑关系，追溯至业务数据产生源头，以避免因副本数据与源端数据不一致，而导致的数据准确性问题。

2. 数据获取

按照数据溯源情况，审计专项组从对应源端系统来获取业务数据。数据获取应遵循安全性、完整性、一致性目标。

（1）数据申请。数据人员根据数据溯源表中的来源系统或管理部门，按照公司信息安全管理等制度要求，申请取得相应系统数据库账号或权限，办理数据申请、资料交接或其他必要手续，以及存储所获取数据的数据库权限和空间。

（2）数据获取。对于结构化数据，审计专项组按照已确定的数据获取方式，使用 PL/SQL、ETL、Kettle、OGG、定制接口等数据获取工具或各类文件传输技术，进行数据获取。

对于非结构化数据，审计专项组需要根据数据格式，使用图像识别、语音识别、自然语言处理等技术，从非结构化数据中提取结构化信息。

对于外部数据，审计专项组需严格遵守数据安全相关规定，在法律规定范围内获取外部共享数据。

3. 数据预处理

数据预处理是审计中间表创建、审计分析模型构建之前的一项重要工作，如果想要从业务数据内核中进行审计疑点挖掘，必须为其提供具有简洁性和准确性的数据。公司业务系统中难免会出现一些异常、缺失或者不规则的数据，原始数据具有一定的杂乱性、重复性和不完整性，所以需要对业务数据进行有效处理后才能应用于后续工作。

（1）数据清理。数据清理通过填写缺失的值、光滑噪声数据、识别或删除离群点、解决不一致性等方法来实现数据清理。在进行数据预处理时，数据清理是花费时间最长的一项工作，数据清理能够有效减少数据矛盾现象。数据清理的主要目标是格式标准化、常数据清除、错误纠正和重复数据清除。

（2）数据变换。数据转换的主要目的在于高效实施数据挖掘，不仅能够提升数据挖掘效率，还可以有效保障数据挖掘质量。通常情况下，在具体进行数据转换时，语言修改、平滑聚集、数据概化是最为普遍的三种方式，对数据转换方式进行合理应用，能够高效转化格式不一致的数据，实现数据形式统一，进而保障数据格式的规范化和标准化，确保审计疑点挖掘工作顺利进行。

（3）数据归约。数据归约是将数据库中的海量数据进行归约，归约之后的数据依然和原数据的完整性一致，但数据量相对减少，从而大幅提升数据挖掘的性能和效率。数据归约的策略主要有维归约、数据压缩、数值归约、离散化和概念分层。

维归约：通过删除不相关的属性（或维），实现数据量缩减效果，不仅压缩了数据集，还减少了出现在发现模式上的属性数目，通常采用属性子集选择方法找出最小属性集，使得数据类的概率分布尽可能地接近使用所有属性的原分布。

数据压缩：数据压缩分为无损压缩和有损压缩，比较流行和有效的有损数据压缩方法是小波变换和主要成分分析。

数值归约：通过选择替代的、较小的数据表示形式来减少数据量。

离散化和概念分层：概念分层是将较高层的概念替换较低层的概念，以此定义数值属性的离散化。

数据接入应根据工程审计工作方案和数字化审计系统建设需求，有选择地获取所需数据，且获取的数据应以服务审计目标为目的。主要通过以下三种方式进行：① 业务系统客户端或访问页面前台查询或导出；② 业务信息系统数据库数据传输至数据中台，从数据中台抽取数据；③ 由业务人员线下提交信息报表或从系统外部获取。

数据验证要求业务项目单位真实、完整、准确提供数据，数据需求工程审计人员对其进行验证，保证数据采集及时、完整。数据验证常用的方法包括：

（1）通过核对审计时段的总记录数和总金额数来验证，数据在采集、清理和转换过程中总记录数和总金额数应保持不变。

（2）通过观察顺序码的断号和重号来进行验证，检查顺序码是否发生断号、重号，能够保证电子数据在采集、清理和转换过程中凭证数目正确、完整。

（3）通过业务数据勾稽关系来进行验证，检查这些勾稽关系，能够对数据的真实性、准确性和完整性进行验证。

第三节　建立审计中间表

结合审计主题特征，构建审计中间表，实现数据的跨系统、跨业务联系。构建审计分析模型的基础是应用审计中间表数据，审计中间表是将采集、清洗、转换、验证后的原始数据融合汇集，按照审计要求，进行加工整理后，可使审计人员直接应用于审计项目数据分析，有效实现审计目标的集合。审计中间表分为基础性中间表和分析性中间表。

1. 基础性审计中间表

基础性审计中间表是在对采集到的源数据进行清理、转换、验证的基础上，再按照一定的规则创建而成的完整规范的基础性数据表。它是审计数据准备工作完结的标志性产物，也是审计专项组开展审计数据分析工作的对象和数据资源平台。

基础性审计中间表创建就是将各分散源端数据整合集成的过程，主要是将多文件或多数据库运行环境中的异构数据进行合并处理，其中主要牵扯到实体识别、冗余、数值冲突检查处理。一般情况下，数据具有较高的特殊性，因此，数据集成难度相对较高，在具体实现数据集成时，首先需要进行模式集成，使源数据充分发挥模式识别作用。其次，还需要进行冗余数据集成，一般情况下，在进行数据集成时，可能会出现数据冗余。最后还需要对数据值冲突进行有效的检测和处理，在进行数据集成时，相关人员可以针对实际需求筛选各项数据，并对其有价值的数据进行保留，同时还需要整合类型不同的数据，为创建分析性审计中间表打造良好的条件。

2. 分析性审计中间表

分析性审计中间表是指在数据分析过程中，随着数据分析工作的逐步深入，根据不同的审计目标和分析需求，结合数据分析维度和主题而形成的数据表。分析性审计中间表根据审计所需的审计维度和审计主题，从基础性审计中间表中进行字段做法提取，从而构建具备分析性质的审计中间表。分析性审计中间表直接为审计分析模型提供分析数据，帮助审计人员完成审计分析模型的构建工作。

电网工程全流程分为立项、设计、采购、合同、物资、施工、结算、决算、运营九个阶段，相应 9 个阶段对应价值、规模、时间、实物量信息，对应不同的基础性中间表。电网工程数字化分析性中间表，可以在基础性中间表的基础上，对应各环节审计事项应具有的性质或数量关系，通过设定计算、判断、阈值或限制条件而建立起来的。

第四节　建　模　分　析

审计分析模型主要用于审计疑点挖掘，它是按照审计事项的时间或空间状态（例如趋势、结构、关系等），由审计人员通过审计规则和限制条件进行数学或逻辑表达式建立，并用于验证审计事项实际的时间或空间状态的技术方法。审计工作人员根据审计要求建立审计分析模型，通过对数据信息的整合分析，可以得出被审计单位的整体业务概况，审计分析模型能够帮助审计人员快速定位审计中存在的问题或疑点，对被审计单位进行事前、事中、事后全流程监管，有效提升公司风险质量控制能力。

常见的审计分析模型有以下几种：① 以常规审计为基础建模，包括以基于政策法规、审计专家经验等常规审计分析技术建模；② 以多维数据分析技术为基础建模，包括比例分析法、结构分析法等；③ 以数据挖掘技术为基础的建模，从大量数据中发现数据模式，预测趋势和行为的数据分析模式，挖掘数据间潜在的模式，发现常规审计可能忽略的信息，并为审计人员做出前瞻性的、基于知识的决策提供帮助。

1. *以常规审计为基础建模*

（1）基于政策法规建模。政策法规是审计的基础，也是衡量审计结果的标尺，审计人员熟悉审计过程中涉及的法律、法规、规章、制度等，从而基于政策法规建模。在电网工程审计建模中可以运用典型问题库和法规制度库，将法律法规的定量、定性规定具体化为分析模型中的分组、统计等条件，对反映具体业务内容的特定字段设定判断、限制等条件，通过结构化查询语言进行查询、存取数据，或者利用系统提供的便捷检索功能进行数据查询。如根据《招标法》有关规定，查找未在中标通知书发出后30天内签到合同的项目，建模合同超期数字化审计模型。根据国网公司10kV及以下配电网工程项目管理规定：建设管理单位应在工程验收投产后60日内完成工程结算和报账工作，三个月内完成工程决算工作。通过对比工程结算、决算及投产时间建立工程进度数字化审计模型。

（2）基于专家经验判断。审计人员在长期的对某类问题的反复审计中，往往能摸索、总结出此类问题的表征，在审计实践中抓住这种表征，从现象分析至实质，就可以较为方便地核查问题。将审计人员的这种经验运用到数字化审计建模中，将问题的表征转化为特定的数据特征，实现根据审计经验构建数据分析模型的目的。如根据审计人员经验判断，电网工程项目施工费和材料费比例正常在 30%上下，通过建模筛选比例过高或过低的工程项目，从而发现物资浪费或者施工结算不正确等问题。如通过筛选投资计划中存在电缆施工的项目，查找采购物资中是否包含电缆及相关附件判断项目是否按计划执行。

2. *以多维数据分析技术为基础建模*

（1）不同系统数据对比。由于同一类业务的数据（数值型数据和非数值型数据）可能在若干系统中以不同形式存在。审计人员需通过对各系统的数据进行对比，如对业务数据与财务数据进行对比，以及外部数据与内部数据对比等，从而发现异常数据。如电网工程通过对比 ERP 系统转资时间和用采系统接入电网时间发现项目未竣工提前转资问题。

将外部数据与内部数据对比发现异常数据，一个单位的经济活动不是孤立进行的，总要和外部的相关单位、部门发生千丝万缕的联系。在当前的审计实践中，越来越多的审计项目不仅需要我们采集被审计单位内部的电子数据，还要尽可能地采集其他相关单位、部门的数据，我们从对比过程中往往能发现审计的线索。将对内部系统工程施工企业名称和能源局网站、企查查平台等企业资质信息对比，发现工程发包给不满足资质要求的企业。

（2）数据对比分析。趋势分析方法。趋势分析法是指审计人员将被审计单位若干期相关数据进行比较和分析，从中找出规律或发现异常变动的方法。它是审计人员利用少量时间点上或期间的经济数据来进行比较分析的特殊时间序列法，此法有助于审计人员从宏观上把握实务的发展规律。审计人员可根据审计需要来确定时间序列的粒度，如年、季、月、旬、日等。

比率分析方法。比率是两个相关联的经济数据的相对比较，主要用除法，它体现各要素之间的内在联系。比率分析法计算简单，结果简单，便于审计人员判断。由于采用了相对数，它可以适用不同国家、地区、行业、规模的客户。

结构分析方法。结构分析法也叫比重分析法，是通过计算各个组成部分占总体的比重来揭示总体的结构关系和各个构成项目的相对重要程度，从而确定重点构成项目，提示进一步分析的方向。结构分析法和趋势分析法还可结合应用，进行数据结构比例在若干期间的变动趋势分析。应用结构分析法和趋势分析法，对被审计单位的资产、负债、损益和现金流的结构分析、趋势分析以及结构比例的趋势分析，对被审计单位的总体财务状况、经营成果和现金流量形成总体的了解。

3. 以数据挖掘技术为基础的建模

上述常规数据分析方法利用的是审计人员已有的知识，这存在多处不足：一是审计人员的经验和知识是“有限的”，被审计对象行业跨度大，各单位情况千差万别，当审计经验无法运用时，面对海量数据真如“瞎子摸象”；二是数据是不断发展的，审计经验相对于数据往往是滞后的，这种不同步性给审计带来了巨大的潜在风险；三是对统一数据审计，不同的审计人员可能会得出完全不同的结论，知识的不对称性无法保障审计质量；四是传统的数据分析方法无法处理庞大的数据库系统，数据难以追踪，审计无从下手。数据挖掘是针对日益庞大的电子数据应运而生的一种新型信息处理技术。它一般排除人为因素而通过自动的方式，来发现数据中新的、隐藏的或不可预见的模式或活动。

（1）运用统计分析发现偏差数据。统计分析技术是指利用统计学原理对数据库字段项之间存在的函数关系或相关关系进行科学分析的方法。具体方法包括常用统计（求大量数据中的最大、最小、汇总、平均值等）、回归分析（用回归方程来表示变量间的数量关系）、差异分析（从样本统计量的值得出差异来确定总体参数之间是否存在差异）等。审计人员通过建立统计模型对搜集的被审计单位以及同类型单位的大量财务、业务历史数据进行分析，挖掘内部存在的函数关系或相关关系，然后对审计期间内的相关数据进行合理预测。通过将分析的预测值和审计值进行比较，从而帮助审计人员发现疑点。

（2）运用关联分析揭示关键属性。关联分析技术是从操作数据库的所有细节或事务中抽取频繁出现的模式，进而总结出一组事件或条目与其他事件或条目的相互联系。关联规则是对数据库中的某些特定事件发生的概率的简单陈述，它适用于稀疏的数据集。关联规则具有如下的形式：如果 A=1 并且 B=1 那么 C=1 的概率为 P，即 $P=P\{C=1 \mid B=1，A=1\}$，条件概率 P 可以被称为规则的“精度”或者“置信度”。利用关联规则分析，审计人员可通过关联规则挖掘技术对审计对象数据库中的数据进行分析，找出数据库中各数据之间的相互联系，发现某些数据之间的异常联系，以此为基础，寻找审计线索，发现审计疑点。例如利用关联规则分析，可以发现电网工程各类型工程使用各类物资之间的关联性，通过分析可以发现物资使用中存在的问题。

（3）运用孤立点分析挖掘审计疑点。孤立点是指明显偏离其他数据，即不满足一般模式或行为的数据。孤立点分析是数据挖掘中的一项重要技术，用来发现数据源中显著不同于其他数据或行为的异常数据和异常行为。而面对海量的电子数据，审计人员需要利用计算机强大的数据分析能力，采用孤立点检测算法，发现异常审计数据或异常发生频率等，从而发现有可能隐藏的违规行为。孤立点的发现主要有下列几种方法：基于分布的孤立点挖掘方法；基于距离的孤立点发现方法；基于深度的孤立点发现方法；基于密度的孤立点发现方法；孤立点发现的多策略方法等。

（4）运用聚类分析挖掘审计疑点。聚类算法的主要做法是按照特定标准，把海量数据聚合成不同的类，使同一类内数据特征的相似性尽可能大，亦即把相似的对象分到同一组。聚类算法种类很多，有系统聚类法、有序样品聚类法、动态聚类法、模糊聚类法、图论聚类法、聚类预报法等。在审计实践中，通常利用聚类分析技术对被审计单位的同类型的财务数据或者业务数据进行分组，使其成为有相似特性的聚集。一般说来，财务数据及重要业务数据的变动具有一定的规律性，所以如果某些数据处于稀疏区域，说明其变动表现异常，需要重点关注。

完成建模后要对审计模型进行模型验证，对模型结果进行测试、分析和评估，如发现测试结果偏离实际或预期，需对模型进行逐步优化和检验，直至达到预期。

完成审计建模后可以通过审计成果可视化分析，快速发现数据重点、逻辑及存在的问题，从而可以开展进一步的分析和有价值的决策。审计成果可视化是指通过 BI、tableau、SPSS 等可视化工具或自主开发平台，将被审计数据转化为审计人员可以直观感受的图形，审计人员对图形化展示进行分析观察，结合自身的专业判断，交互地改变可视化工具的设置，改变输出的图形化展示，从而全面分析被审计数据。

第五节　疑点核实、取证

疑点核实是对通过数字化审计手段发现的疑点线索，进行进一步检验和查证，确定情况是否属实，为审计问题的确定提供确切的依据，是审计问题确认的重要环节。根据“总体分析、发现疑点、分散核实、系统研究”的数字化审计组织方式，通过数字化审计模型输出疑点线索，制定线索清单和核实确认单，明确核实方式，通常分为远程核实和现场核实两种。远程核实是指被审计单位接收疑点核实单后，自行组织开展线索核实工作，并将核实情况通过即时信息或邮件等方式远程提供给审计组，审计组依据提供的信息进行定性；现场核实是指审计组安排专人赴被审计单位现场开展线索联查和核实工作，直接认定审计事实并进行问题定性。

在对疑点线索进行核实的同时，根据疑点反馈或者现场核实情况对输出疑点数据准确性进行核实，从而核实数据质量问题，对于业务系统引起的数据质量问题应反馈业务部门便于及时业务部门及时开展整改，完善数据质量，对于因审计规则设定引起的数据质量问题，应及时修改审计模型。

数字化模式的审计载体，具有全过程留痕、数据来源广泛、信息碎片化和数据电子化等特征，审计载体的变化进而带来审计取证方式、模式和方法的变化，审阅法、观察法、询问法、函证法、监盘法、重新执行法、重新计算法、分析性程序这些经典的审计取证方法会发生重大变化。数字化审计取证是以非现场审计为主，审计取证的基本流程是“数据采集”“数据分析”和“疑点核实”；数据采集技术、数据采集清理技术、数据存储技术成为审计取证技术。

第六节　报　告　出　具

通过审计建模输出审计疑点并经过核实后，应根据核实结果编制审计工作底稿，审计底稿根据“一事一底稿”的原则编写。审计底稿的要素包括：审计项目的名称；审计底稿编写人姓名，以及编制日期；审计事项；审计查出问题摘要描述，简要描述审计查出问题的发生过程，明确相关金额、数量、发生时间、地点、采取的方式手段等内容；适用的法规依据（法规全称、发文文号，适用条款及其主要内容）；审计结论，包括问题的性质，审计处理意见和建议；被审计单位核实情况和反馈意见；复核人员、复核意见及复核日期；附件，即与被审计底稿相关的审计记录及相关材料；索引号及页次。

审计专项组根据各项审计结果编写正式的审计报告。审计报告需要披露所有发现的问题并且突出重点、证据充分、意见准确。审计专项组根据审计报告做法与被审计单位进行充分沟通，如有需要，双方可以开展进一步的力证与辩论。审计报告由部门负责人最终审批确认并提交管理层。

第七节　后　续　工　作

电网企业工程数字化审计以资金使用管理、项目建设过程为审计监督重点，对各环节进行全业务在线扫描分析，运用大数据分析核查问题、评价判断、宏观分析，对项目建设的开工、施工、结算和竣工决算及投产使用进行全过程审计，对项目进度、造价、质量和投资效益进行全要素审计，对项目立项、资产从设备购置到竣工投产再到资产报废进行全寿命周期审计，从全过程、全要素、全寿命周期三个方面实现电网工程审计全覆盖。

在开展上述审前调查、数据溯源、建立审计中间表、建模分析、疑点核实取证、形成审计报告的工程数字化审计流程，完成电网工程项目数字化审计后，对整个流程进行复盘，对发现的问题进行整改完善，不断优化电网工程数字化审计流程。

第六章

电网企业工程数字化审计应用

电网企业工程数字化审计应用是数字化手段与电网企业工程审计相结合的成果，通过建立工程审计场景，可以便于新进审计人员了解数字化工程审计逻辑，也便于随后开展工程数字化审计实务。本章通过对如何建立工程数字化审计场景的论述以及部分审计实务，重点阐明审计功能、审计逻辑、审计方法，以便于在不同的业务需求下，能结合管理的实际需求使用或完善对应的工程数字化审计流程模型，促进各单位更规范的开展工程数字化审计工作。

数字化审计场景，主要是借助信息化手段和新兴技术，跨专业、跨系统整合汇聚数据，开展全场景、多维度、全量跨域数据分析的一项审计实践工作。

第一节　工程前期阶段审计

一、投资立项审计场景

投资立项审计场景的主要内容包括：项目规划编制和审批、可行性研究报告编制和审批、项目储备和投资计划管理等方面。

（一）项目规划编制和审批审计

1. 审计功能介绍

审查项目规划审批情况，审查规划项目储备情况，审查项目核准备案情况，审查投资计划编制及下达情况等。

2. 审计逻辑

通过项目规划审批单位与规定审批单位一致性，已审批规划项目是否进入储备项目库等内容，判断立项程序的合规性、有效性等。

3. 审计方法

（1）项目规划审批单位与规定审批单位一致性。通过被审计单位系统中审计时间段内所有项目的“项目编号、项目名称、审批单位”等字段，根据审计目的，输出需查询的项目单体工程审批信息清单，筛选出已审批的项目清单；查看项目的审批信息详情，与管理规定进行比对，判断是否按照文件要求由规定的审批单位进行审批，未按照要求审批的项目列为疑点。

（2）已审批规划项目是否进入项目储备库。通过被审计单位系统中审计时间段内规划项目库中所有项目的“项目定义”“项目名称”“项目类型”和“项目下达年度”等字段，查询被审计单位工程项目审批情况，按项目状态筛选，获取已审批项目清单和项目的总预算金额等信息；再通过被审计单位系统中储备库中所有项目的“项目定义”“项目名称”“项目类型”和“项目下达年度”等字段，查询工程项目基本信息，比对规划项目库和储备项目库项目信息，审计人员可根据项目下达年度判断已审批规划项目是否进入项目储备库。

（二）可行性研究报告编制和审批审计

1. 审计功能介绍

审查可行性研究报告委托的合规性，审查可行性研究报告编制单位资质的合规性，审查可行性报告中的建设必要性是否明确充分，对可行性报告真实性、完整性、科学性进行审计，对可行性报告中投资估算进行审计，可行性研究报告经济评价审计，审查可行性报告审批权限的合规性。

2. 审计逻辑

获取系统中可行性研究报告和可行性研究报告批复文件，审查可行性研究报告对拟建电网投资项目的技术先进性和适用性、经济合理性和有效性，以及建设必要性和可行性进行审查。

3. 审计方法

（1）可行性研究报告获取。通过被审计单位系统中审计时间段内所有项目的“项目定义”“项目名称”“项目下达年度”和“项目包名称”等字段，获取被审计单位相关项目的可研批复文号、可行性研究报告附件或者可行性研究报告批复文件。

（2）审查可行性研究报告委托的合规性。通过被审计单位系统获取审计时间段内所有项目的可行性研究报告委托合同金额，筛选出达到招标限额的，审查是否按照有关招标规定选择编制单位。

（3）审查可行性研究报告编制单位资质的合规性。通过被审计单位系统获取审计时间段内所有项目的项目类别和可行性研究报告编制单位资质，与管理规定进行比对，分析判断可行性研究报告编制单位资质与项目类别是否匹配。

（4）审查可行性报告中的建设必要性是否明确充分。通过被审计单位系统获取审计时间段内所有项目的建设规模和进度，审查拟建项目是否满足区域发展需要，论证工程项目建设的必要性。

（5）对可行性研究报告真实性、完整性、科学性进行审计。调查市场数据检查可行性研究报告预测数据获取方式的适当性及合理性，检查财务估算中项目成本是否完整，对历史价格、实际价格、内部价格及成本水平的真实性进行测试。通过检查报告中是否说明建设项目的目的；是否说明建设项目在技术可行性、经济合理性及决定项目规模、技术装备水平、成本收益等方面的经济目标；是否说明建设地点及当地的自然条件和社会条件、环保约束条件，并进行选址比较；是否说明建设投资项目何时开始投资、何时建成投产、何时收回投资；是否说明项目建设的资金筹措方式等，来论证可行性研究报告的完整性。通过检查参与可行性研究机构资质及论证的专家的专业结构和资格是够满足项目论证的要求；检查投资方案、建设规模、布局选址、技术、设备、环保等方面的资料来源是否满足项目论证的要求；检查是否在多方案比较选择的基础上进行决策；检查拟建项目与类似已建成项目的有关技术经济指标和投资预算的对比情况；检查工程设计是否符合国家环境保护的法律法规的有关政策，来论证可行性研究报告科学性。

（6）对可行性报告中投资估算进行审计，通过被审计单位系统获取审计时间段内所有项目的估算书，将估算造价指标与通用造价指标进行对比，分析判断造价指标之间的差异是否合理。

（7）可行性研究报告经济评价审计。检查资金筹措安排是否合理；项目投资、投产后的成本和利润、借款的偿还能力、投资回收期等的计算方法是否科学适当；检查计算结果是否正确、所用指标是否合理。

（8）审查可行性报告审批权限的合规性。通过被审计单位系统获取审计时间段内所有项目的项目类别和可行性研究报告审批单位，与管理规定进行比对，分析判断可行性研究报告审批单位与项目类别是否匹配。

（三）项目储备和投资计划管理审计

1. 审计功能介绍

审查项目是否按照要求列入相应储备项目库进行管理，审查列入年度投资计划的项目是否符合规定。

2. 审计逻辑

获取系统中可行性研究报告和可行性研究报告批复文件，通过项目储备年度与可行性研究报告完成时间、可行性研究报告审批时间逻辑关系，审查项目储备是否满足管理规定；通过筛查投资计划项目是否在项目储备库中，审查年度投资计划下达项目的合规性。

3. 审计方法

（1）审查项目是否按照要求列入相应储备项目库进行管理。通过被审计单位系统中审计时间段内项目储备库中所有项目的“项目定义”“项目名称”“项目类型”和“项目下达年度”等字段，查询工程项目基本信息，审计人员可根据项目下达年度判断项目项目储备年度，对比可行性研究报告完成时间、可行性研究报告审批时间，与管理规定进行比对，审查项目是否按照要求列入相应项目储备库进行管理。

（2）审查列入年度投资计划的项目是否符合规定。通过被审计单位系统中审计时间段内各年度投资计划，通过年度投资计划的项目编码，获取被审计单位相关项目的可研批复文号、可行性研究报告附件或者可行性研究报告批复文件。从投资需求、投资结构、投资能力、投资效益等方面评估纳入年度计划项目是否按照轻重缓急进行排序，审查年度投资规模是否合理。通过被审计单位年度投资计划的项目编码，筛查未查询到纳入储备库项目则为疑点，未进入储备项目库的项目原则上不得列入年度投资计划。

（3）审查储备库项目是否列入综合计划。通过被审计单位系统中储备项目库中所有项目的“项目定义”“项目名称”“项目类型”和“项目下达年度”等字段，查询工程项目基本信息，对比被审计单位综合计划项目清单内项目信息，获取储备项目未列入综合计划疑点清单。

二、勘察设计审计场景

电网工程勘察设计审计的主要内容包括：设计单位资质管理、初步设计编制和审批、设计变更管理等方面。

（一）设计单位资质审计

1. 审计功能介绍

获取被审计单位工程项目勘察设计单位信息，审查其资质合规性。

2. 审计逻辑

根据项目电压等级或项目类别、设计单位资质，审查勘察设计单位是否具备相应的资质。

3. 审计方法

通过被审计单位系统获取审计时间段所有项目的“项目编号”“项目电压等级”“项目类别”“项目名称”“设计单位营业执照注册所在省”和“设计单位营业执照注册所在市”等字段，根据项目电压等级或项目类别、设计单位资质，审查勘察设计单位是否具备相应的资质。通过被审计单位系统获取审计时间段所有项目的“采购凭证”“公司名称”“工厂”和“供应商”等字段，查询项目设计合同详细信息，通过合同签订内容和服务条款，审查勘察设计合同的内容是否合法、合规、完整，即将勘察设计合同与设计合同范本的条款进行对比，审查合同条款是否明确规定双方权利和义务以及针对设计单位的激励条款，合同条款是否存在缺陷。对比可行性研究报告内容，审查委托勘察设计的范围是否符合已报经批准的可行性研究报告。项目法人负责设计委托和文件编制的协调工作，并按有关招投标规定选择设计单位，及时签订设计合同，明确委托范围、技术要求、交付时间和合同金额等。通过被审计单位合同管理系统获取项目设计服务商招投标附件资料，审查是否采用招投标方式来选择勘察设计单位，招投标程序是否合法、公开，其结果是否真实、公正，有无因选择勘察设计单位失误而导致的委托风险。

（二）初步设计编制和审批审计

1. 审计功能介绍

审查初设文件完成的时间及其对建设进度的影响，初步设计审查情况，初步设计审查的合规性，初步设计批复权限的合规性，初步设计批复的及时性。

2. 审计逻辑

通过获取被审计单位项目初设文件信息，使审计人员对项目初设文件及批复情况的了解与判断。

3. 审计方法

（1）初步设计文件信息获取。通过被审计单位系统获取审计时间段所有项目的“项目编号”“项目名称”“管理单位”和“电压等级”等字段，输出被审计单位项目建设性质、可研线路长度、可研变电容量、初设批复时间、初设批复文号等初设文件信息。审查初步设计文件是否规范、完整。检查初步设计文件是否规范、完整。初步设计文件主要包括工程建设规模、设计方案、主要设备、材料及工程主要工程量、征地拆迁及重要交叉跨越工程量（包括房屋拆迁总量、征地总量、对工程投资有较大影响的其他重要移改设施总量）、典型设计的实施情况、新技术的应用情况、其他费用标准及科目、投资概算编制依据、主要设备价格、主要材料价格、征地拆迁及设施移改的取费标准、设计费等。审查初设文件是否按照相关要求编制，检查初步设计完成的时间及其对建设进度的影响。

（2）审查初步设计的审批。是否及时审批，并进行多种方案的比较和选择；设计单位负责在评审会前规定时间内，将初步设计资料送达评审单位和相关部门。评审单位在初步设计评审会议后规定时间内，印发评审会议纪要，在规定时间内，组织设计收口会议。收口会议之后规定时间内，完成评审意见。

（3）审查初步设计审查的合规性。即初步设计审查是否委托经过相关单位授信的咨询机构进行评审。

（4）审查初步设计批复权限的合规性。初步设计批复是否按照不同电压等级或项目类别根据有关规定由不同级别单位审批。

（5）审查初步设计批复的及时性。初步设计是否在项目开工前批复；项目法人单位是否在规定时间内取得初步设计批复。

（三）设计变更管理审计

1. 审计功能介绍

审查设计变更文件是否规范、完整，对项目建设进度的影响，设计变更报批程序及审批权限的合规性，设计变更的内容是否符合经批准的初步设计方案，设计变更对工程造价的影响。

2. 审计逻辑

通过查询被审计单位项目的设计变更等附件，使审计人员了解并核查设计变更管理情况。

3. 审计方法

通过被审计单位系统获取审计时间段所有项目的“项目编号”“项目名称”等字段，获取查询被审计单位项目的设计变更等附件。

审查设计变更的文件是否规范、完整。设计变更文件应准确说明工程名称、变更的卷册号及图号、变更原因、变更提出方、变更内容、变更工程量及费用变化金额，并附变更图纸。涉及费用变化的设计变更，必须附有变更工程量清单和变更费用计算书，由相关单位技经人员签署意见并加盖造价专业资格执业章。

审查是否及时签发与审批设计变更通知单，是否存在影响建设进度的风险。

审查设计变更报批程序及审批权限的合规性。

审查设计变更的内容是否符合经批准的初步设计方案。

审查设计变更对工程造价的影响，是否存在工程量只增不减而提高工程造价的风险。

三、估算、概算与预算审计场景

估算、概算与预算审计主要内容包括：概算超估算审计、预算超概算审计、工程单位造价分析审计。

（一）概算超估算审计

1. 审计功能介绍

筛查被审计单位初步设计概算金额大于可行性研究报告项目投资估算金额项目疑点清单。

2. 审计逻辑

项目初步设计概算金额大于可行性研究报告项目投资估算金额。

3. 审计方法

通过被审计单位系统获取审计时间段所有项目的“项目名称、项目编码、单项工程名称、单项工程编码、电压等级”等字段，输出建设性质、工程类型、实际开工时间、可研估算金额、批复概算静态投资、批复概算动态投资等信息。

审查报经批准的概算是否符合经批准的可行性研究报告及估算，对比可行性研究建设规模与初设建设规模是否存在差异；工程概算总投资原则上要控制在可行性研究核准的估算投资之内。初步设计概算超估算投资时，要对设计方案进一步优化，严格控制费用和标准，并在评审意见中增加分析报告，分析主要原因和采取的控制造价的技术经济措施，对技术方案的合理性及概算投资水平提出明确的意见。初步设计概算原则上不能超出批复的可研估算。

（二）预算超概算审计

1. 审计功能介绍

筛查被审计单位施工图设计预算金额大于初步设计概算金额项目疑点清单。

2. 审计逻辑

项目施工图设计预算金额大于初步设计概算金额。

3. 审计方法

通过被审计单位系统获取审计时间段所有项目的“项目名称、项目编码、建设性质、工程类型、电压等级”等字段，输出建设管理单位名称、线路长度（km）（可研）、实际开工时间、批复概算动态投资、预算金额动态投资、批复概算动态投资－预算金额动态投资等信息。

审查初步设计方案及概算的修改情况；项目法人对初步设计规模超可行性研究规模、设计方案发生重大变化或初步设计概算超可行性研究（核准）投资估算 10%及以上的输变电工程，项目法人单位需征得可研批复单位（或可研工作管理部门）同意，并出具正式的变更意见作为初步设计批复的依据。

审查施工图预算数据是否准确，是否与经批准的初步设计概算之间存在较大差异。

审查预算金额是否超概算金额。

（三）工程单位造价分析审计

1. 审计功能介绍

筛查被审计单位工程单位造价不合理项目清单。

2. 审计逻辑

导出被审计单位项目概算和预算价格，计算出工程单位造价，与标准单位造价比较，获取疑点清单。

3. 审计方法

通过被审计单位系统获取审计时间段所有项目的“项目名称”“项目编码”“附件名称”“建管单位”等字段，筛选出项目的造价附件清单，通过项目造价明细计算出工程单位造价，审查单位造价明显与实际不相符合的疑点清单。

第二节　招投标采购阶段审计

一、采购计划审计场景

采购计划审计主要内容包括：违规提前采购审计、越权采购审计、应急采购合规性审计。

（一）违规提前采购审计

1. 审计功能介绍

本场景筛查被审计单位可研时间、初步设计时间、综合计划时间晚于采购需求计划时间，判断是否存在违规提前采购。

2. 审计逻辑

项目的可研时间晚于采购需求计划时间；项目的初步设计时间晚于采购需求计划时间且采购类型为物资类采购；项目综合计划下达时间晚于采购需求计划时间且采购类型为服务类采购。

3. 审计方法

根据被审计单位审计时间段内所有项目的“（工程）项目编号、（工程）项目名称、公司代码、公司名称、需求日期（区间形式）”信息，在采购管理系统中获取项目采购需求计划基本信息，包含核心字段“项目编号、项目类型、采购类型、需求计划编制时间”，通过项目的“项目编号”从项目管理系统中获取项目的“可研时间”与“需求计划编制时间”进行对比，“可研时间”大于“需求计划编制时间”的判定为疑点记录。筛选采购类型为物资的采购需求计划，通过项目的“项目编号”从项目管理系统中获取项目的“初步设计时间”与“需求计划编制时间”进行对比，“初步设计时间”大于“需求计划编制时间”的判定为疑点记录。筛选采购类型为服务的采购需求计划，通过项目的“项目编号”从项目管理系统中的“综合计划时间”与“需求计划编制时间”进行对比，“综合计划时间”大于“需求计划时间”的判定为疑点记录。

（二）越权采购审计

1. 审计功能介绍

审查被审计单位是否存在超范围及越权采购。

2. 审计逻辑

通过采购管理系统中的采购申请对应的物料和采购类别，与被审计单位采购目录标准数据比对是否一致，判定被审计单位是否存在越权采购的情况。

3. 审计方法

在采购管理系统中获取采购申请信息，包括主要字段“工厂代码、工厂名称、采购申请编号、采购申请的项目编号、采购凭证类型、采购组、物料号、审定招标方式、审定采购计划、采购策略、采购订单编号、采购订单项目编号”。根据“物料号”获取采购目录信息，包括主要字段“采购目录采购模式编码、采购目录采购模式名称”，根据采购申请中的“审定招标方式”与采购目录中的“采购目录采购模式名称”进行对比，如果不同，则判定为疑点。对于疑点数据，输出“公司代码、库位名称、采购申请编号、采购申请的项目编号、采购凭证类型、采购组、物料号、库存地点、物料组、采购申请数量、项目交货日期、审定招标方式、审定采购计划、采购策略、采购订单编号、采购订单项目编号、特殊采购方式”。

（三）应急采购合规性审计

1. 审计功能介绍

审查被审计单位应急采购程序是否合规。

2. 审计逻辑

查询被审计单位急采购订单的最晚出库时间，与采购申请创建时间对比，超过设定阈值作为疑点输出。

3. 审计方法

采购管理系统中获取采购订单信息，包含字段“项目编号、项目名称、公司代码、单位名称、订单编号、物料名称、采购订单生成时间”；根据“订单编号”在采购管理系统中进一步获取该订单中物资出库信息，包含“订单编号、物资编号、出库时间”，获取最晚一次“出库时间”作为“最晚出库时间”；取每项物资的“最晚出库时间”，计算“出库最大时长”=最晚出库时间–订单生成日期，将“出库最大时长”超过设定阈值的采购记录作为疑点；对于疑点数据，输出“采购订单、采购订单项目、项目编号、项目名称、供应商名称、招标批次、采购申请编号、最晚出库时间、采购申请创建日期”。

二、招投标采购过程审计场景

招投标采购过程审计主要内容包括：招标文件发售是否符合法定时限、

招标公告发布是否符合法律法规，限制投标的供应商是否参加投标活动、评标专家打分是否不合理、停标供应商是否授标、评标专家是否收到专家费、是否向非评标专家发专家费、采购无关物资、项目拆分采购、未招先建。

（一）招标文件发售是否符合法定时限

1. 审计功能介绍

招标文件发售是否超过法定时限。

2. 审计逻辑

通过采购项目的发售时限（发售时限=标书购买截止时间–公告发布时间）判断项目的发售时限是否符合法定时限。

3. 审计方法

（1）在被审计单位招投标系统中获取所有采购项目招标公告信息，包含字段“采购年份、采购项目编号、采购项目名称、实施主体、采购方式、公告发布时间、标书购买截止时间”。

（2）计算“发售时限”=“标书购买截止时间”–“公告发布时间”。

（3）“发售时限”小于输入信息“标书购买时长”的判定为疑点数据，对于疑点数据，输出包含字段“采购年份、采购项目编号、采购项目名称、实施主体、采购方式、公告发布时间、标书购买截止时间”。

（二）招标公告发布是否符合法律法规

1. 审计功能介绍

审查被审计单位招标公告发布时限是否超过最小时限阈值。

2. 审计逻辑

通过比对采购项目的公告发布时限是否超过最小时限阈值，判断招标公告发布时限是否符合法律法规。

3. 审计方法

（1）在被审计单位招投标系统中获取招标项目信息，包含主要字段“采购项目编号、公告发布时间、截标时间”。

（2）计算“招标公告发布时限”=截标时间–公告发布时间。

（3）比对“招标公告发布时限”与“招标公告发布时限阈值”，“招标公告发布时限”不超过“招标公告发布时限阈值”的判定为疑点数据。

（4）根据输入字段“采购年份、机构名称、采购项目编号、采购项目名称、公告发布时间、采购方式、采购类型”输出疑点数据，包含字段“采购年份、采购项目编号、采购项目名称、实施主体、采购方式、分标编号、分标名称、分包编号、分包名称、应标人、招标公告时间、公告截止时间、招标公告发布时限”。

（三）限制投标的供应商是否参加投标活动

1. 审计功能介绍

筛查被限制投标供应商参加投标活动。

2. 审计逻辑

通过检查采购项目中的投标供应商标书提交时间是否在不良供应商处罚时间内，进行判断是否存在限制投标的供应商参与投标活动。

3. 审计方法

（1）在被审计单位招投标系统中获取限制投标的不良行为供应商清单，主要包含“供应商名称、处罚开始时间、处罚结束时间”；

（2）在被审计单位招投标系统中获取所有采购项目中的开标一览表，包含字段“计划年度、实施主体、采购项目名称、分标名称、分包名称、投标人 ID、标书提交时间”；

（3）比对不良行为供应商清单中的“供应商名称”和开标一览表清单中的“应标人”，若存在一致并且投标时间在处罚时间内的记录则判定为疑点数据；

（4）根据输入字段“计划年度、机构名称、姓名单位名称、标书提交时间、供应商名称”对疑点数据进行输出以下字段“计划年度、实施主体、采购项目名称、分标名称、分包名称、投标人 ID、处罚开始时间、处罚结束时间、标书提交时间”。

（四）评标专家打分是否不合理

1. 审计功能介绍

审查评标专家打分不公允。

2. 审计逻辑

本模型用于筛选专家给被审计单位同一批次下同一投标人的不同标包项目打分不同的情况。

3. 审计方法

（1）在被审计单位招投标系统中获取项目评标时间在审计期间内的所有评标项目的打分，包含主要字段“项目编号、项目名称、分标编号、分标名称、分包编号、分包名称、专家名称、供应商名称、分数类型、得分”；

（2）对比同一批次下不同标包项目中，同一专家在对同一投标人的打分不同，则判定为疑点数据；

（3）根据输入字段“招标年度、实施主体名称、招标计划名称、专家名称、招标编号、招标方式、招标类型”对疑点数据进行输出，主要字段“招标年度、专家姓名、评标用户名称、招标编号、招标方式、分标编号、分标名称、分包编号、分包名称、供应商名称、分数类型、得分”。

（五）停标供应商是否授标

1. 审计功能介绍

筛查被审计单位采购项目中不良供应商停标期间中标。

2. 审计逻辑

本模型用户筛选是否存在不良供应商停止授标期间的授予中标。

3. 审计方法

（1）在被审计单位招投标系统中获取中标结果信息，包含主要字段“招标年度、实施主体、招标编号、分标编号、分包编号、项目单位、中标人名称、中标通知书发布时间”；

（2）在被审计单位招投标系统中获取限制投标的不良行为供应商清单，主要包含“供应商名称、处罚开始时间、处罚结束时间”；

（3）获取处罚时间中的所有中标供应商，判断不良供应商是否在中标供应商中，存在并且中标通知书发布时间在不良供应商处罚时间内的作为疑点输出；

（4）根据输入字段“招标年度、实施主体名称、项目单位、中标人名称、中标通知书发布时间”对疑点数据进行数据，主要字段“招标年度、实施主体、招标编号、分标编号、分包编号、项目单位、中标人名称、中标通知书发布时间、供应商名称、处罚开始时间、处罚结束时间”。

（六）评标专家是否收到专家费

1. 审计功能介绍

筛查被审计单位邀请评标专家未收到专家费。

2. 审计逻辑

通过对比采购项目的评标专家名单与财务管控系统中付款结算池反馈功能获取所有银行流水，筛查是否存在未给专家付专家费。

3. 审计方法

（1）在被审计单位招投标系统中获取专家评标详细信息，包含字段“姓名、拼音姓名、专家来源、证件号码、证件类型、开户行、银行卡号、身份证号、专家单位、招标编号、分标编号、分标别名、包名、招标计划编号、招标计划名称、开标时间、中标总价”；

（2）在财务管理系统中获取银行流水，包含“对方银行名称、资金支付交易对方名称、资金支付交易描述信息、资金支付缴款编号、资金支付银行流水号、资金支付资金用途、资金支付交易时间”；

（3）通过专家评标信息的银行卡号与发放流水的银行卡号比对，发放流水的资金支付交易时间在专家评标项目的开标时间 90 天内判定为发放的专家费。与专家评标详细信息进行比对，未发放专家费判定为疑点数据；

（4）对疑点数据进行输出，包含字段“招标年度、实施主体、实施主体名称、姓名、拼音姓名、专家来源、证件号码、证件类型、开户行、银行卡号、身份证号、专家单位、招标编号、分标编号、分标别名、包名、招标计划编号、招标计划名称、开标时间、中标总价、资金支付发生金额、资金支付对方银行名称、资金支付交易对方名称、资金支付交易描述信息、资金支付缴款编号、资金支付银行流水号、资金支付资金用途、资金支付交易时间。

（七）是否向非评标专家发专家费

1. 审计功能介绍

筛查被审计单位向非评标专家发专家费。

2. 审计逻辑

通过对比采购项目的评标专家名单与专家费用流水，筛查是否存在向非评标专家发放评标专家费。

3. 审计方法

（1）在被审计单位招投标系统中获取专家评标详细信息，包含字段“姓名、拼音姓名、专家来源、证件号码、证件类型、开户行、银行卡号、身份证号、专家单位、招标编号、分标编号、分标别名、包名、招标计划编号、招标计划名称、开标时间、中标总价”；

（2）在财务管理系统中获取银行流水，包含“对方银行名称、资金支付交易对方名称、资金支付交易描述信息、资金支付缴款编号、资金支付银行流水号、资金支付资金用途、资金支付交易时间”；

（3）通过专家评标信息的银行卡号与发放流水的银行卡号比对，筛选财务管理系统中银行流水中一年中（自然年）一定范围内支出金额的所有流水信息，与专家评标详细信息关联；

（4）输出字段“交易编号、账号、交易时间年月日、收支标识、发生金额、对方账号、对手银行名称、交易对方名称、交易发生时间、交易描述信息、银行流水号、缴款编号、资金用途、交易类型、银行账户名称、开户行名称、银行账户账号、开户单位”。

（八）采购无关物资

1. 审计功能介绍

审查被审计单位项目是否采购无关物资。

2. 审计逻辑

对比被审计单位招投标系统项目物资采购明细和工程管理系统工程计划改造或新建设备明细，不一致情况则为疑点。

3. 审计方法

通过工程管理系统获取项目名称、编码，改造或新建设备明细等信息，利用项目名称或编码在招投标系统中获取项目物资采购明细，筛选设备类型或数量不一致即输出疑点。

（九）项目拆分采购

1. 审计功能介绍

审查被审计单位是否存在单个项目采购多家施工供应商。

2. 审计逻辑

以项目名称关联项目施工采购计划，筛查同一项目名称存在两个以上施工供应商即输出疑点。

3. 审计方法

通过被审计单位工程管理系统获取审计时间段内所有项目名称、项目编码；利用项目名称从被审计单位招投标系统中获取项目采购施工供应商信息，若单个项目施工供应商存在两个以上，即判定为存在拆分采购疑点。

（十）未招先建

1. 审计功能介绍

审查被审计单位项目是否存在未招先建。

2. 审计逻辑

项目开工时间早于项目中标（成交）时间。

3. 审计方法

通过被审计单位合同管理系统获取项目中标（成交）时间，同时获取工程管理系统中项目开工时间。对比项目中标（成交）时间和项目开工时间。如果项目开工时间早于中标（成交）时间即输出疑点。

三、工程合同审计场景

工程合同审计场景主要内容包括：合同签订及时性审计、合同内容合规性审计、合同变更审计、合同履约审计。

（一）合同签订及时性审计

1. 审计功能介绍

筛查合同签订不及时。

2. 审计逻辑

本模型旨在查询是否存在合同签订不及时的问题。

3. 审计方法

（1）通过被审计单位合同管理系统获取审计时间段内项目合同的“合同编号、合同名称、合同类型、合同签订时间、中标（成交）时间”等字段；

（2）筛选出“合同签订时间－中标（成交）时间”字段大于管理规定时间的合同信息，筛查被审计单位存在合同签订不及时的问题。

（二）合同内容合规性审计

1. 审计功能介绍

筛选被审计单位合同签订内容不合规。

2. 审计逻辑

获取被审计单位合同清单明细，审查合同类型是否符合要求。

3. 审计方法

（1）通过被审计单位合同管理系统获取审计时间段内所有项目合同的“合同编号、合同名称、合同类型”等字段；

（2）审查合同类型是否符合项目类型要求。

（三）合同变更审计

1. 审计功能介绍

筛选被审计单位合同变更审批程序是否合规。

2. 审计逻辑

获取被审计单位变更合同清单明细，审查合同变更审批程序是否符合要求。

3. 审计方法

（1）通过被审计单位合同管理系统获取审计时间段内所有合同变更的“合同编号、合同名称、合同类型”等信息；

（2）审查合同变更的内容或金额是否履行相关变更手续，变更程序是否合规。

（四）合同履约审计

1. 审计功能介绍

筛选被审计单位合同履约不合规情况。

2. 审计逻辑

获取被审计单位合同清单明细，审查供应商有无按照合同约定履约。

3. 审计方法

（1）通过被审计单位合同管理系统获取审计时间段内所有项目合同的“合同编号、合同名称、项目名称、供应商名称、合同日期、合同金额、物资应到货日期”等字段；利用被审计单位物资管理系统获取所有项目的物资实际到货时间。

（2）审查“物资实际到货时间”晚于“物资应到货时间”即输出疑点。

第三节　实施阶段审计场景

一、工程管理审计场景

工程管理审计场景的主要内容包括工程开工时间异常、工程未及时开工、工程竣工后未及时投运、工程未按计划竣工、工程建设程序不合规、工程分包规范性、工程施工计划审计等方面。

（一）工程开工时间异常

1. 审计功能介绍

通过对比工程施工合同和实施进度，发现工程开工时间异常的审计疑点。

2. 审计逻辑

工程开工时间迟于合同约定开工时间，开工时间早于合同签订时间。

3. 审计方法

（1）使用工程管控相关业务系统查询工程实际开工时间，形成项目开竣工信息中间表。

（2）使用合同管理系统查询工程相对应的施工合同信息，获取合同签订时间和约定开工时间，形成合同信息中间表。

（3）对比工程实际开工时间与合同生效时间，如果实际开工时间迟于合同约定开工时间或实际开工时间早于合同生效时间则为疑点。

（二）工程未及时开工

1. 审计功能介绍

通过对比工程施工合同和实施状态，发现工程未及时开工审计疑点。

2. 审计逻辑

工程施工合同生效一定时间后，工程状态为未开工。

3. 审计方法

（1）使用工程管理相关系统查询工程进度状态，获取未开工项目，形成未开工项目明细中间表。

（2）使用合同管理相关系统查询工程相对应的施工合同信息，获取合同生效时间，形成合同信息中间表。

（3）工程施工合同生效时间与当前时间比较，筛选当前时间减合同生效时间大于一定时限的项目为疑点。

（三）工程竣工后未及时投运

1. 审计功能介绍

通过查询已竣工工程涉及的设备运行状态，筛选运行状态为未投运的设备对应的工程，发现工程竣工后未及时投运的审计疑点。

2. 审计逻辑

工程进度为竣工、结算、转资或关闭，但其涉及的设备运行状态为未投运。

3. 审计方法

（1）通过电网资源管理相关系统查询设备台账，筛选未投运设备，形成未投运设备明细中间表。

（2）在工程管理相关系统中查询项目进度和关联设备名称，筛选状态为竣工、结算、转资或关闭的项目，形成项目信息中间表。

（3）匹配未投运设备明细中间表和项目信息中间表中设备名称，未投运设备对应的项目即为疑点项目。

（四）工程未按计划竣工

1. 审计功能介绍

通过查询已竣工工程的施工计划，发现未按计划竣工工程。

2. 审计逻辑

工程状态为竣工、结算、转资或关闭状态且工程计划时间迟于竣工时间。

3. 审计方法

（1）使用工程管理相关系统查询工程进度信息，获取工程竣工时间，形成工程进度中间表。

（2）使用工程施工管理相关系统查询施工计划，获取工程施工计划，形成工程施工计划中间表。

（3）将工程进度中间表的项目竣工时间与工程施工计划中间表最后一次日计划时间进行对比，如最后一次日计划时间迟于实际竣工时间则为疑点。

（五）工程建设程序不合规

1. 审计功能介绍

通过检查项目核准情况、规划许可证等证书办理情况，发现建设程序不合规工程。

2. 审计逻辑

可研批复文件、核准批复、环评、初设批复、施工许可证、临时用电审批等文件缺失或时间逻辑不正确。

3. 审计方法

（1）使用工程管理相关系统，查看可研批复文件、核准批复、环评等前期资料，进入初步设计批复查看初设批复文件，进入标准化开工条件落实，查看施工许可证、临时用电审批等开工资料工程档案资料，检查工程建设程序规范性。

（2）使用后勤项目建设过程管理系统，查询政府立项审批、建设用电规划许可、施工许可备案，查看开工建设证书是否完备，时间逻辑是否合理。

（六）工程分包规范性

1. 审计功能介绍

通过检查项目分包情况，发现违规转分包工程。

2. 审计逻辑

分包单位无相应资质、主体工程分包、分包工程金额超过一定比例。

3. 审计方法

（1）使用合同管理相关系统查阅工程施工合同，检查合同中是否约定分包范围。

（2）使用工程管理相关系统查询核心分包队伍信息，查阅分包备案资料，检查分包单位是否具有相应施工资质、分包内容是否包含主体工程、分包金额与项目总金额比较是否构成实质性转包。

（3）在集体企业财务管理相关系统中，查询集体企业承揽项目的实施成本，有无转分包，分析转分包的数量比例及成本占比。

（七）工程施工计划审计模型

1. 审计功能介绍

分析工程理论施工时长与计划工作时长对比情况，发现施工计划异常的疑点问题。

2. 审计逻辑

根据工程管理相关系统中计划建设规模和 ERP 系统中实际领用情况分别测算理论施工时长并取最小值，将理论工作时长与工程管理相关系统中施工日计划提报情况进行对比，理论施工时长乘以系数后仍大于施工计划提报时长，则为施工计划异常。

3. 审计方法

（1）在工程管理相关系统获取工程计划建设规模数量和施工计划提报时长，在 ERP 系统获取配变设备、高低压电杆、高低压电力电缆、高低压架空线的实际领用情况。

（2）在工程管理相关系统中施工日计划开始时间、结束时间、计划施工人数，按照项目计算施工计划总时长。在 ERP 系统中按照项目编码分类求和配变、高低压电杆、高低压电缆领用数量。

（3）一是根据计划建设规模数量、实际领用数量和单个工序理论工作时长分别测算理论施工时长并取最小值；二是将理论施工时长乘以系数与施工计划提报时长进行对比。若理论施工时长大于施工计划提报时长，则为施工计划异常疑点问题。

二、物资配送与仓储审计场景

物资配送与仓储审计场景的主要内容包括仓库配置和管理的规范性、物资利库及时性、工程配变设备领用规范性、工程线路建设规模、工程电杆规模、工程电杆辅料规模、工程电缆建设规模、物资出库及时性、物资出入库真实性等方面。

（一）仓库配置和管理的规范性

1. 审计功能介绍

检查注册库、非注册库设置和管理情况，主要包括仓储网络设置的合规性，仓储信息的真实性，检查实体仓库的数量和地址是否与ERP注册仓库一致。

2. 审计逻辑

租赁仓库的信息在注册仓库中查询不到或者信息不一致。

3. 审计方法

（1）在合同管理系统中“承办年份”中输入审计年份、“合同名称”输入关键词“租赁”导出合同清单。

（2）从合同清单中筛选出仓库租赁合同，逐份汇总登记合同中有关“仓库租赁”的合同中体现的租赁仓库数量、位置、面积信息。

（3）对比被审单位提供的现役仓库的数量、位置、面积信息，导出信息中有而提供信息中没有的仓库即可作为疑点。

（二）物资利库及时性

1. 审计功能介绍

检查物资利库管理不到位致使物资长期积压，库存物资的库龄超期存在减值风险，备品备件物资长期未周转利用。

2. 审计逻辑

当前时间减物资最后一笔出库时间大于一定期限。

3. 审计方法

（1）在 ERP 系统中使用库存物资查询命令，查询并导出库存物资明细，抓取物料编码。

（2）在 ERP 系统使用出入库查询命令，根据物料编码查询并导出出库记录表格。

（3）由近至远排序出库记录凭证日期对比当前日期，最近一笔出库时间据当前时间超出一定期限即为疑点。

（三）工程配变设备领用规范性

1. 审计功能介绍

根据计划变压器台数和计划配变容量，对比工程配变台数和容量实际领用情况，以此发现工程配变设备领用的疑点问题。

2. 审计逻辑

根据工程配变计划内容和实际领用情况进行对比，核查出库配变台数、容量的合规性，若项目成本明细表配变台数、容量大于计划建设变压器台数、容量，则存在输出扩大建设规模的异常情况；若项目成本明细表配变台数、容量小于计划建设配变台数、容量，则存在缩小建模规模的异常情况。

3. 审计方法

（1）在工程管理相关系统中获取计划建设配变设备台数和容量计划数据，在 ERP 系统获取配变设备实际领用情况和容量。

（2）将 ERP 系统中变压器台成套设备、变压器等物料的配变台数和容量按照项目编号进行数量、容量求和。

（3）将工程管理相关系统中的计划建设配变设备台数、容量与 ERP 系统配变领用汇总情况进行差值对比。若计划建设配变台数小于实际配变台数，则判定为规模扩大；若计划建设配变台数大于实际配变台数，则判定规模缩小。

（四）工程线路建设规模审计模型

1. 审计功能介绍

查询工程管理相关系统计划高低压电力电缆长度、高低压架空线路长度，对比 ERP 系统中高低压电力电缆和高低压架空线实际领用情况，以此发现工程线路领用方面的疑点问题。

2. 审计逻辑

对比高低压架空线路、高低压电力电缆的计划长度和实际领用长度，核查电力电缆、架空线出库的合规性。通过计划情况和实际情况的对比来判定规模扩大或者规模缩小。

3. 审计方法

（1）在工程管理相关系统获取工程高低压架空线路、高低压电缆的计划长度，在 ERP 系统获取高低压架空线路、高低压电缆实际领用长度。

（2）将 ERP 系统中高压电缆、高压架空线、低压电缆、低压架空线按照项目编码进行分类求和。由于工程管理相关系统架空线路计划长度是路径长度，所以将 ERP 系统中高低压架空线路的领用长度进行路径长度转换。

（3）将工程管理相关系统高压电缆、高压架空线、低压电缆、低压架空线计划线路长度与 ERP 系统中实际领用长度进行对比，分别计算实际超差值和实际超差百分比（实际超差百分比=实际超差值/计划长度×100，实际超差值=实际长度−计划长度）。由于线路建设的特殊性，实际领用长度无法保证与计划长度完全一致，所以本模型判定需要设置阈值，实际超差值的阈值范围定为±0.1，实际超差百分比范围定为±10%。如果实际超差百分比在±10%以内且实际超差值的阈值在±0.1 以内，那么该项目审计结果正常；如果实际超差百分比大于 10%，那么该项目存在规模扩大疑点；如果实际超差百分比小于−10%，那么该项目存在规模缩小疑点。

（五）工程电杆规模审计模型

1. 审计功能介绍

根据工程管理相关系统计划高低压电杆数量，对比 ERP 系统中高低压电杆实际领用情况，以此发现工程电杆建设的疑点问题。

2. 审计逻辑

工程管理相关系统中架空线路长度测算高低压电杆数量并与 ERP 系统中电杆数量进行对比，若领用数量大于计划数量，则存在输出扩大建设规模的疑点情况；若领用数量小于计划数量，则存在输出缩小建模规模的疑点情况。

3. 审计方法

（1）在工程管理相关系统获取工程高低压架空线路的计划长度，在 ERP 系统获取高低压电杆的领用数量。

（2）一是将工程管理相关系统中高低压架空线路长度换算为高低压电杆计划数量；二是将 ERP 系统中钢管杆的吨单位数量转换为根单位数量；三是将高压电杆和低压电杆按照项目编码进行分类求和。

（3）一是根据电杆架设的距离范围测算高低压电杆的理论上下值区间；二是根据高低压架空线路长度换算的高低压电杆计划数量与 ERP 系统汇总的高低压电杆领用数量进行差值对比。如果电杆实际领用数量在理论上线区间范围内，那么审计正常；如果电杆实际领用数量大于理论上限值，那么判定规模扩大；如果电杆实际领用数量小于理论下限值，那么判定规模缩小。

（六）工程电杆辅料规模审计模型

1. 审计功能介绍

根据工程管理相关系统和 ERP 系统数据情况，综合分析铁构件、钢绞线、绝缘子领用情况，审查实际领用数是否存在规模扩大或缩小的疑点问题。

2. 审计逻辑

根据工程建设计划情况测算铁构件、钢绞线、绝缘子的理论上下值区间，若领用数量大于理论上限，则存在输出扩大建设规模的疑点情况；若领用数量小于理论下限，则存在输出缩小建模规模的疑点情况。

3. 审计方法

（1）在 ERP 系统中分别获取电杆、拉盘的领用数量。按照项目编码分别汇总计算铁构件、钢绞线、绝缘子的实际领用数量。

（2）一是根据实际电杆总数分别测算铁构件理论区间范围和绝缘子理论区间范围；二是根据实际拉盘块数测算钢绞线理论区间范围；三是将实际铁

构件、钢绞线、绝缘子领用数量分别和各自理论区间范围进行对比。若铁构件、钢绞线、绝缘子的实际领用数量大于理论上限值，则该存在建设规模扩大疑点；若铁构件、钢绞线、绝缘子的实际领用数量小于理论下限值，则存在建设规模缩小疑点。

（七）工程电缆建设规模审计模型

1. 审计功能介绍

根据工程管理相关系统中项目电缆建设计划情况和 ERP 系统中实际出库高低压电力电缆长度，分析工程是否存在无电缆施工计划、但有电缆出库的建设规模异常情况。

2. 审计逻辑

工程管理相关系统中项目电缆建设计划长度为 0，但实际存电力电缆出库行为，则判定为异常。

3. 审计方法

（1）从工程管理相关系统中获取高低压电缆计划建设长度，从 ERP 系统中获取高低压电力电缆出库长度。

（2）将 ERP 系统中高低压电力电缆出库长度按照项目编码进行分类求和。

（3）一是筛选出计划电缆建设长度为 0 的项目，定义为无电缆项目；二是分析无电缆项目的高低压电力电缆出库数量是否为 0。若项目中无电缆建设计划但存在高低压电力电缆出库行为，则存在电缆出库的异常疑点。

（八）物资出库及时性、合规性

1. 审计功能介绍

通过对物资出库时间与工程竣工时间进行对比，检查是否存在物资出入库手续办理滞后的情况；领料单与出库单设备材料的数量是否一致，审查领料程序的合规性。

2. 审计逻辑

工程成本中的设备入账凭证时间晚于工程竣工时间，对应的工程存在物资出库不规范问题疑点。

3. 审计方法

（1）在 ERP 系统中使用项目成本查询命令，输入控制范围、数据库概要、项目编码、记账日期、格式－导出项目管控系统成本明细，查找成本要素名称为“工程成本－在安装设备”的凭证的凭证日期，若多个，取最晚的成本发生日期。

（2）在工程管理相关系统工程进度表中获取项目竣工时间。

（3）两个时间进行比较，若成本发生时间晚于工程竣工时间则为疑点。

（九）物资出入库真实性

1. 审计功能介绍

通过对物资出库、退库操作的数据对比，检查工程否存在虚假出入库、频繁领退料的情况。

2. 审计规则

通过对比分析工程出库、退库数据，筛选相同物料、相同数量的出入库操作作为虚假出入库的问题疑点。

3. 审计方法

（1）在 ERP 系统中使用物资出入库查询命令，筛选为被审计单位审查时间范围内发生过退料的材料明细表格保留物料编码。

（2）在 ERP 系统中使用特定物资出入库查询命令，输入工厂、物料编码，筛选每一项物料的出库、退库明细。

（3）将导出明细排序 WBS 编号，出现同一个 WBS 编号下出现相同数量的货物移动，即可作为疑点。

三、废旧物资审计场景

废旧物资审计场景的主要内容包括废旧物资拆除计划的准确性、废旧物资未足额回收、拆旧物资回收处置及时性、废旧物资处置收入和费用规范性、废旧物资报废合理性等方面。

（一）废旧物资拆除计划的准确性

1. 审计功能介绍

通过检查概算所列改造规模、材料数量等计算的拆除量与拆旧计划对比，发现拆旧计划不准确的问题疑点。

2. 审计逻辑

根据工程改造规模、工程项目竣工图设备、材料数量和规格型号等信息计算的拆除量与废旧物资拆除计划中的拆除量不一致。

3. 审计方法

（1）在工程管理相关系统中获取工程批复概算、投资计划、拆旧计划等文件。

（2）根据工程投资计划、项目批准概算所列改造规模、工程项目竣工图设备、材料数量和规格型号，计算拆除量对比废旧物资拆除计划，检查废旧物资拆除计划是否准确完整。

（二）废旧物资未足额回收

1. 审计功能介绍

通过对比拆旧计划中物资数量和废旧物资验收入库数量，发现废旧物资未足额回收的问题疑点。

2. 审计逻辑

年度已竣工项目拆旧计划中物资数量、换算重量大于废旧物资验收入库数量、换算重量。

3. 审计方法

（1）使用项目管理相关系统查询施工设计说明书，获取拆旧计划。

（2）使用 ERP 系统获取废旧物资验收入库情况，按单位、按年度归集数据。

（3）将年度已竣工项目拆旧计划中物资数量和废旧物资验收单中的入库数量换算为相同的计量单位，比较两个数据，若拆旧计划中物资数量大于废旧物资入库单中的数量则为疑点。

（三）拆旧物资回收处置及时性

1. 审计功能介绍

通过对比企业资源管理系统退役资产和ERP系统的退役、报废资产数据，发现实际拆除的废旧物资长期账外存放，堆放在施工现场或由施工单位代管，未能及时回收移交到物资管理部门进行鉴定和处置的情况。

2. 审计逻辑

企业资源管理系统中实物资产退役统计信息和ERP系统中对应资产的信息不一致。

3. 审计方法

（1）使用企业资源管理系统统计退役实物资产统计，导出退役、报废资产编号。

（2）打开ERP系统使用资产查询命令，输入“公司代码”“资产”查询对应资产是否已在ERP系统退役、报废，情况不一致即可作为疑点。

（四）废旧物资处置收入和费用规范性

1. 审计功能介绍

通过检查废旧物资处置金额和合同金额的一致性和废旧物资处置服务费、拆除费用的使用情况，发现废旧物资处置收入和费用使用不规范的问题疑点。

2. 审计逻辑

变卖处置收入是否纳入处置需求单位财务管理并按规定进行核算，入账金额与处置合同金额是否一致，回收商是否按合同要求及时支付款项；检查是否违反“收支两条线”管理规定，将废旧物资抵扣处置服务费、拆除费用或工程施工费用。

3. 审计方法

（1）使用合同管理系统，输入承办年份，填写“废旧”作为合同名称筛选条件，登记制表记录逐批废旧物资处置合同中签订的记录金额和打款时间。

（2）对比财务管理信息系统废旧物资处置收入凭证核对金额，不相符即可作为疑点。

（五）废旧物资报废合理性

1. 审计功能介绍

通过检查废旧物资使用年限、报废净值等信息，获得报废不合理问题疑点。

2. 审计逻辑

废旧物资使用 1 年以内，且净值/原值大于 50%。

3. 审计方法

（1）从企业资源管理系统中导出固定资产报废清单。

（2）在 ERP 系统中查询相应固定资产原值、净值、使用年限等信息。

（3）筛选废旧物资使用 1 年以内，且净值/原值大于 50%的废旧物资，即为报废不合理问题疑点。

第四节　竣工验收及结决算阶段审计

一、竣工验收审计场景

竣工验收审计场景的主要内容包括工程隐蔽工程验收、工程验收资料合规性等方面。

（一）工程隐蔽工程验收

1. 审计功能介绍

通过对比工程电杆数量与卡盘数量、底盘数量比对，发现隐蔽工程验收不到位的问题疑点。

2. 审计逻辑

工程成本中“水泥杆”“卡盘”“底盘”数量不匹配，且隐蔽工程资料、工程监理资料和相关验收资料记录不一致。

3. 审计方法

（1）在 ERP 系统中使用项目成本查询命令查询工程成本，以物料描述中关键字段“水泥杆”“卡盘”“底盘”为检索条件，进行电杆数量与卡盘数量、底盘数量比对，数量不一致工程作为疑点。

（2）将电杆数量与卡（底）盘数量差异作为风险疑点，与施工单位施工次数进行比较，筛查出现问题较多施工单位，并核查隐蔽工程资料、工程监理资料和相关验收资料，检查是否存在验收不到位问题。

（二）工程验收资料合规性

1. 审计功能介绍

通过获取被审计单位技改大修、小型基建、大中型基建类项目的竣工验收报告附件信息，核查工程质量管理情况，获得工程验收资料不规范问题疑点。

2. 审计逻辑

核查工程验收资料是否齐全，资料时间逻辑合理，资料内容、签字、盖章等要素完备。

3. 审计方法

（1）在工程管理相关系统查询获取技改大修、小型基建、大中型基建类项目项目的竣工验收报告附件信息。

（2）核查工程验收资料是否齐全，资料时间逻辑是否合理，资料内容、签字、盖章等要素是否完备，获得工程验收资料不规范问题疑点。

二、竣工结算审计场景

竣工结算审计场景的主要内容包括工程项目量价费准确性、工程设计费计算准确性、工程监理费计算准确性、线路工程施工费合理性、电杆施工费合理性、人力运输费用合理性、地形系数设定的合理性等方面。

（一）工程项目量、价、费准确性

1. 审计功能介绍

通过检查项目结算相关资料，核查工程结算量、价、费的准确性。

2. 审计逻辑

审查工程量与实际是否一致，是否存在多计、重复计算工程量现象；审查是否存在结算与账面不一致现象；工程项目定额、工程量清单计价依据是否合理；工程取费是否合理。

3. 审计方法

（1）复核重点工程项目的工程量，查看工程项目立项批复、初设批复、施工图预算、工程结算书、工程施工（竣工图），了解工程实施内容，复核工程竣工图与工程结算之间的差异，审查工程变更、工程签证等涉及工程量变化内容，分析是否存在多计、重复计算工程量现象；通过 ERP 系统项目成本查询命令导出账面成本，比对工程结算工程量，审查是否存在不一致现象；重点关注二次运输费、线路交叉跨越、土建隐蔽工程等各项工程量计算的准确性和合规性。

（2）复核重点工程项目的工程价款，查看工程项目定额、工程量清单计价依据是否合理，大修、技改、基建、农网等项目是否使用国网公司系统要求的定额和计价清单；审核乙供材料价格，关注系统外单位提供材料价格是否合理，集体企业提供安装类材料是否加价结算。

（3）复核重点工程项目的工程取费，重点关注工程项目总承包服务费、计日工等其他费用及规费税金是否存在多计、错计情况。

（二）工程设计费计算准确性

1. 审计功能介绍

通过对工程设计费进行复算，核查工程设计费计算的准确性。

2. 审计逻辑

根据相关规定，计算应付工程设计费，与实际支付设计费进行对比，发现多计设计费问题疑点。

3. 审计方法

（1）查询工程管理相关系统中查询项目总投资金额。

（2）在 ERP 系统中使用项目成本查询命令查询并导出配网工程项目成本，筛选并合并计算工程成本中的工程设计费。

（3）根据相关规定规定的费率（见表 6–1 所示），计算应付工程设计费 =

基本设计费×0.8×1.18。

（4）实际发生的设计费与计算得到的设计费进行比对，分析获得多计设计费的工程。

表6－1　　设计费费率表

设计费费率表	
设备购置、建安费之和	架空线路、电缆线路工程
10万元以下（含10万元）	7.76～8.29
10万～50万元（含50万元）	6.67～7.76
50万～100万元（含100万元）	5.57～6.67
100万～200万元（含200万元）	4.69～5.57
200万～300万元（含300万元）	3.95～4.69
300万～2000万元（含2000万元）	3.05～3.95
2000万元以上	3.05

注　其他设计费＝施工图预算编制费＋竣工图文件编制费。
其中，施工图预算编制费按基本设计费10%计算；竣工图文件编制费按基本设计费8%计算；使用重复设计、标准设计的，按基本设计费60%计算；使用典型设计的，按基本设计费80%计算。

（三）工程监理费计算准确性

1. 审计功能介绍

通过对工程监理费进行复算，核查工程监理费计算的准确性。

2. 审计逻辑

根据相关规定，计算应付工程监理费，与实际支付监理费进行对比，发现多计监理费问题疑点。

3. 审计方法

（1）在ERP系统中使用项目成本查询命令查询并导出工程项目成本，筛选并合并计算工程成本中的工程监理费，计算出子项目建筑工程费和安装工程费之和（含税）。

（2）根据相关规定，计算应付监理费：根据项目使用物料删选出是否为电缆项目，其中电缆项目施工阶段监理费计算为（建筑工程费＋安装工程费）×6.75%×85%；非电缆项目施工阶段监理费为（建筑工程费＋安装工程费）×

2.59%×80%。

（3）通过子项目实际发生的监理费与计算得到的监理费进行比对，分析出多计算监理费的工程。

（四）线路工程施工费合理性

1. 审计功能介绍

通过分析单位长度的线路工程施工费，核查工程施工费计取的准确性。

2. 审计逻辑

每公里施工费高于平均值的项目、某些施工单位实施的项目每公里平均施工费高于其他施工费单位实施的工程作为疑点。

3. 审计方法

（1）在工程管理相关系统中获取项目名称、编码、施工单信息，项目中变压器数量为0、低压线路长度为0、电缆长度为0的项目即为线路工程。

（2）在ERP系统中使用项目成本查询命令，导出项目成本明细表，获取项目中导线出库信息和施工费信息。

（3）计算单位长度的线路工程施工费：施工费/（导线长度/3）即为每公里施工费，单位为万元/千米。按单位、按项目、按施工单位统计。每公里施工费高于平均值的项目、某些施工单位实施的项目每公里平均施工费高于其他施工费单位实施的项目作为疑点。

（五）电杆施工费合理性

1. 审计功能介绍

通过分析比较单根电杆施工费与平均每根电杆施工费的差异，核查工程施工费计取的准确性。

2. 审计逻辑

单根电杆施工费高于平均值的项目、某些施工单位实施的项目单根电杆平均施工费高于其他施工费单位实施的项目作为疑点。

3. 审计方法

（1）在工程管理相关系统中的工程计划表获取项目名称、编码、施工单位信息。

（2）在 ERP 系统中使用项目成本查询命令，导出项目成本明细表，获取项目电杆出库信息和施工费信息。

（3）计算单根电杆施工费：施工费/电杆数即为单根电杆施工费，单位为万元/根。按单位、按项目、按施工单位统计。单根电杆施工费高于平均值的项目、某些施工单位实施的项目单根电杆平均施工费高于其他施工费单位实施的项目作为疑点。

（六）人力运输费用合理性

1. 审计功能介绍

通过人力运输费在整体造价中的比例大小，核查工程人力运输费用合理性。

2. 审计逻辑

计算工程的人力运输费用占比（人力运输费用/工程总造价远远大于平均比例。

3. 审计方法

（1）批量获取结算审定版电子结算书，查询汇总表获得施工单位最终结算价，查询编制说明获取人力运距。

（2）通过 Excel 函数或相关工具批量统计各项目人力运距数值，并批量将人力运距数值修改为设定值（比如 0m、500m）记录修改后施工单位最终结算价的数值。输出人力运距数值较大、人力运距数值对施工费影响高（(根据人力运距设定值变化后的施工单位最终结算价/原施工单位最终结算价）越小）的项目作为疑点。

（七）地形系数设定的合理性

1. 审计功能介绍

通过分析地形系数增加费用在整体造价中的比例大小，核查地形系数设定合理性。

2. 审计逻辑

计算工程的地形系数增加费用占比（地形系数增加费用/工程总造价）远远大于平均比例。

3. 审计方法

（1）批量获取结算审定版电子结算书，查询汇总表获得施工单位最终结算价，查询编制说明获得平地占比、丘陵占比、一般山地、泥沼地带、沙漠占比、高山占比。

（2）通过 Excel 函数或相关工具批量统计各项目地形数值，并批量将地形数值修改为设定值（比如全部修改为 0 或其他数值）记录修改后施工单位最终结算价的数值。输出地形数值对施工费影响高［（根据地形设定值变化后的施工单位最终结算价/原施工单位最终结算价）越小］的项目作为疑点。

三、工程财务管理审计场景

工程财务管理审计场景的主要内容包括项目管理经费执行合规性、项目青苗赔偿费执行合规性等方面。

（一）项目管理经费执行合规性

1. 审计功能介绍

通过对比项目管理经费入账金额和取费标准，核查管理经费执行合规性。

2. 审计逻辑

根据相关规定，计算项目管理经费取费标准，对比项目管理经费入账金额和取费标准，发现项目管理经费执行不合规问题疑点。

3. 审计方法

（1）项目成本明细表导出项目管理经费金额、施工费金额、各种物料金额。

（2）项目管理经费取费基数为建筑工程费＋安装工程费（用实际施工费＋材料费代替，物资中除去变压器、配电箱、断路器、负荷开关、隔离开关、互感器、避雷器、保险器、无功补偿装置；1kV 以下线路的配电箱、计量表箱、计量表即为材料），架空线路工程费率为 1.17%，电缆工程费率为 3.05%，计算项目管理经费取费标准。

（3）对比项目管理经费入账金额和取费标准，若项目管理经费入账金额高于取费标准，则为问题疑点。

（二）项目青苗赔偿费执行合规性

1. 审计功能介绍

通过对比项目青苗赔偿费入账金额和赔偿标准，核查项目青苗赔偿费执行合规性。

2. 审计逻辑

根据政府规定价格，计算项目青苗赔偿标准，对比项目青苗赔偿费入账金额和赔偿标准，发现项目青苗赔偿费执行不合规问题疑点。

3. 审计方法

（1）使用 ERP 系统项目成本查询命令查询项目成本明细，筛选获得青苗赔偿费、架空线路长度。

（2）使用架空线路长度除以 3 为建设线路长度，根据规定每千米线路赔偿标准为 0.8 万元，不足 1km 的按 1km 计算，计算赔偿标准。

（3）对比入账赔偿费和赔偿标准。

四、竣工决算审计场景

竣工决算审计场景的主要内容包括工程长期挂账、项目转资的及时性和规范性、项目投资计划完成情况分析等方面。

（一）工程长期挂账

1. 审计功能介绍

通过计算在建工程项目挂账时间，核查长期挂账项目。

2. 审计逻辑

未关闭的大中型基建项目、配网项目、生产技改项目、小型基建项目、营销项目余额不为零，并且过账日期距审计日超过规定时间，为长期挂账项目。

3. 审计方法

（1）在 ERP 系统中使用在建工程查询命令查询在建工程明细。

（2）按照项目过账日期统计，筛选过账日期距审计日超过规定时间的大中型基建项目、配网项目、生产技改项目、小型基建项目、营销项目，若项目余额不为 0，则为长期挂账项目。

（二）项目转资的及时性和规范性

1. 审计功能介绍

通过分析工程竣工到转资的时间及金额，核查项目转资的及时性和规范性。

2. 审计逻辑

首次转资时间晚于竣工时间规定时间，累计转资金额与项目审定金额不一致。

3. 审计方法

（1）确定审计项目范围，已竣工的基建、配网、技改项目。

（2）通过中间表－基建工程基本信息，获取项目实际竣工时间；通过中间表－技改项目信息表，获取技改项目竣工投运时间；通过中间表－工程项目预算成本信息，获取项目实际成本；通过中间表－工程项目在建转资信息，获取累计转资金额和首次转资时间。

（3）通过项目编码进行匹配，比对各项目累计转资金额与实际成本的差额。

（4）筛选首次转资时间晚于竣工时间规定时限的项目，其实际成本与累计转资金额的差额即为资产转资不及时的总额。

（5）对比累计转资金额与自建中间表项目审定金额对比，产生差额即为未按照审定结果转资。

（6）对比项目实际成本与自建中间表项目审定金额对比，产生差额即为未按照审定结果调整账面金额。

（三）项目投资计划完成情况分析

1. 审计功能介绍

通过工程投资完成率，核查项目资金管理情况。

2. 审计逻辑

单个项目投资完成率（项目决算金额/项目计划投资金额）小于 80%，或者被审计单位间横向比较整体完成率较低。

3. 审计方法

（1）使用业务预算执行情况中间表，计算投资完成率（项目决算金额/项目计划投资金额），筛选投资完成率小于 80%，作为疑点项目。

（2）按单位按年度按项目类型归集数据，单位内部可分析某一类型项目投资完成率趋势变化情况，趋势明显发生变化或投资完成率明显偏低的作为疑点输出。

（3）单位间可分析某一类型项目投资完成率对比情况、单位间项目整体投资完成率对比情况，偏差大的项目类型、项目作为疑点输出。

第五节　后评审审计场景

一、项目后评审概述

项目后评审，是指对投资项目的前期决策、建设实施和生产运营等过程，以及项目目标、投资效益、影响与持续性等方面进行综合分析和系统评价的活动。

结合传统综合评审指标体系构建的整体原则及电网工程建设实施的特点，电网工程后评审指标体系构建应遵循以下基本原则：

1. 全面性原则

后评审指标体系的构建，要深入分析电网工程的建设目标与实施内容，以及项目开展带来的直接、间接成效因素，能够系统全面的反映项目建设对电网网架结构、增供能力、安全可靠、社会环境等多方面的综合影响，客观全面的体现电网工程建设实施带来的显性效果，并深入挖掘潜在的间接成效与功能特点。

2. 系统性原则

后评审指标体系的构建，要系统挖掘产出效益的主要类别，结合全面梳理产出效益的主要领域，提出具有一定层次性及较强逻辑架构的系统化指标体系，体现指标之间的内在逻辑关系，上下级之间的包含关系，效益指标的宏观与微观架构等，为综合开展成效评估提供清晰、系统的评审思路与评审方向。

3. 科学性原则

后评审指标体系的构建，核心要素之一在于评审指标的筛选与凝练，因此，科学性原则要求评审指标的设置能够客观公正的表征项目的特点与成效产出，科学有效的体现产出效益的内涵与内容体系，避免片面性遴选不适宜指标。

4. 适用性原则

后评审指标体系的构建，最终为效益评审提供评审对象参考及数据统计分析指导。因此，评审指标体系的构建要充分考虑适用性原则，兼顾指标的综合代表性、数据可获取性、指标可对比性等基本要求，满足项目多维效益评审开展的实际需求。

5. 指导性原则

后评审指标体系的构建，将为项目实施立项决策、目标成效分析提供系统化的支撑；同时，评审对象及评审结论也将作为后续项目开展及问题分析、经验总结的主要依据，因此评审指标体系的构建要重视指导性原则，充分贯彻当前电网工程建设的核心思想与发展趋势，遴选具有代表性、前瞻性指标，为后续项目实施与效益评审提供指导。

6. 定性与定量兼顾原则

后评审指标体系的构建，从指标梳理、指标遴选到指标体系构建，要兼顾定性与定量结合的基本原则。电网工程的建设实施对生产运行、安全可靠、经济效益等方面具有重要的促进作用，要深入挖掘可定量化的代表性指标，直观反映产出效益水平；同时，项目实施也将对技术进步、社会经济、综合环境等方面带来一定的影响与促进，涉及多方面无法直接量化的潜在成效，需要系统化凝练代表性的定性指标，反映项目建设的产出效益水平。以定量分析为主，兼顾定性指标的遴选与设置，保证指标体系的全面性与系统性。

二、工程后评审审计场景

后评审工作涉及专业广、评审指标多、部分指标计算过程复杂、数据来源多，且各类原始数据分散在不同管理系统中、读取数据耗时费力，后评审手工操作工作量巨大。

随着新型电力系统建设的深入推进，电力工程的投资金额、项目数量、精准管理要求将持续增加，而现阶段的实际工作中存在的评审范围大、专业覆盖广、审计时段长、数据获取多、效益评价难等要求和问题已成为后评审项目急需突破的瓶颈。

因此，后评审数字化、智能化发展是提升评审工作质效，助力电力建设提档升级的主要手段。当前的技术趋势是充分运用数字化工作理念，以数字化来引领工程项目后评审，来解决人工处理数据难和慢的问题。通过跨专业、跨平台、跨年份数据取数、读取、处理，实现“一键”取数，快速评审。

后评审指标数字化场景的构建。以农村配电网工程项目为例，选取××企业三年内农网项目，本次建立五个维度32项指标的后评审模型，设计评审套表，建立审计中间表，通过运用评审套表和中间表实现评审项目“一键”取数，固化评审数据来源，运用AHP层次分析法快速综合计算项目综合效益，实现评审项目可量化多维度评价，运用数据透视分析，实现评审项目可视化。工程后评审场景构建流程如图6－1所示：

1. 数据来源与处理

本模型数据来自建设、财务、生产、营销等多个信息系统，获取基础数据表50张，建立基础性中间表5张，通过精准匹配和模糊匹配建立应用中间表1张，设立评审套表6张。

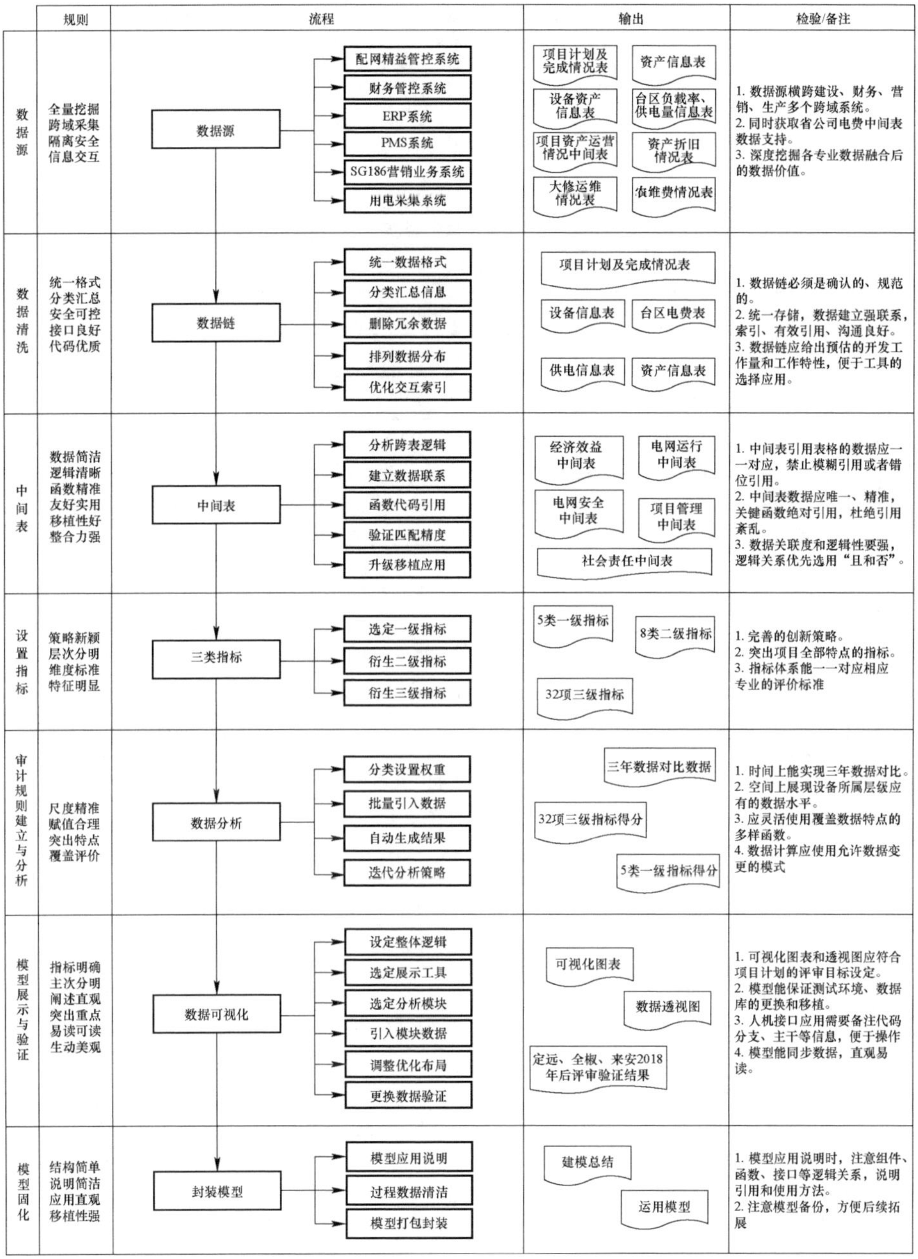

图 6-1　工程后评审场景构建流程图

评审指标表数据来源见表 6-2：

表 6-2　　评审指标数据来源表

序号	一类指标	二类指标	三类指标	数据来源
1	经济效益指标	盈利能力	财务内部收益率	中间表、评审套表计算
2			资本金净收益率	
3			项目投资回收期	
4			财务净现值	
5			项目投资利润	
6		偿债能力指标	利息备付率	
7	电网运行指标	负荷指标	线路平均负荷率	生产业务系统
8			线路最大负荷率	
9			额定容量（kVA）	营销业务系统
10			用电量（kWh）	
11			配变平均负荷率	
12			配变最高负荷率	
13			台区线损率	
14		电能质量指标	配变低电压（V）	生产业务系统
15			低压线路供电距离（m）	评审套表基础数据计算
16			低电压投诉次数	生产业务系统
17			户均容量（kVA/户）	评审套表基础数据计算
18	电网安全指标		线路联络率	生产业务系统
19			年度故障跳闸次数	调度系统
20			非计划平均停电次数	生产业务系统
21			电压合格率	生产业务系统
22	项目管理指标	造价指标	预算执行偏差率	评审套表、基础数据计算
23			单位造价（万元）	评审套表基础数据计算
24		管理指标	单位验收缺陷	评审套表基础数据输入
25			项目完成及时性	评审套表基础数据输入
26	社会责任指标	脱贫指标	贫困发生率	评审套表基础数据计算
27			减贫人口（人）	评审套表基础数据输入
28			减贫幅度	评审套表基础数据输入
29			光伏扶贫收入（万元）	评审套表基础数据输入
30		美好乡村指标	客户服务满意率	评审套表基础数据输入
31			供电可靠性	生产业务系统
32			办电时间（天）	评审套表基础数据输入

2. 数字化后评审指标体系的构建

以农村配电网工程项目为例，选取××企业三年内农网项目，从农网类工程的运营效率，电力安全可靠和经济高效，电网稳定运行，项目规范管理，助力精准脱贫攻坚和美好乡村建设，推动碳达峰、碳中和落地等角度出发，结合指标的必要性、正确性、可行性、指向性、新颖度、代表性等方面进行论证，最终确定三类指标：

设置一类指标：对五大维度中间表进行深入分析，分析数据特点并给将中间表数据引入实际指标意义，按照五大维度形成一类指标共五项：经济效益指标、电网运行指标、电网安全指标、项目管理指标和社会责任指标。

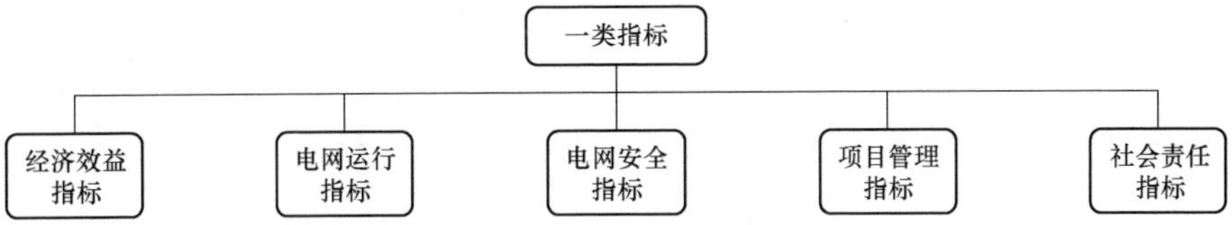

图 6－2　一类指标分类图

衍生出 8 类二类指标：对一类指标进一步细化和分解，锚定五大维度的分支方向，依据工程建设实际状况、工程效益情况、工程质量以及工程后效益分析，设置 8 项二类指标：盈利能力、偿债能力指标、负荷指标、电能质量指标、造价指标、管理指标、脱贫指标、美好乡村指标。

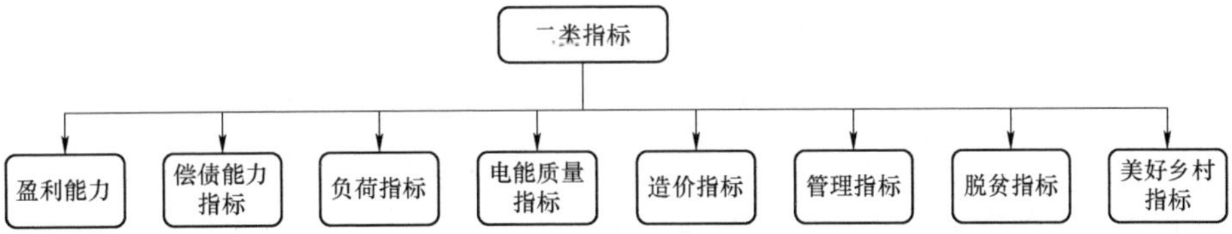

图 6－3　二类指标分类图

衍生 32 类三级指标：对二类指标进一步分解细化，具体到数据层级，直接引用中间表数据进行计算得出计算数字结果，提供数字支撑，设置 32 项三类指标：财务内部收益率、资本金净收益率、项目投资回收期、财务净现值、项目投资利润利息备付率、线路平均负荷率、线路最大负荷率、额定容量（kVA）、用电量（kWh）、配变平均负荷率、配变最高负荷率、台区线损率、配变低电压（V）、低压线路供电距离（m）、低电压投诉次数户均容量（kVA/

户）、线路联络率、年度故障跳闸次数、非计划平均停电次数、电压合格率、预算执行偏差率、单位造价（万元）、单位验收缺陷、项目完成及时性、贫困发生率、减贫人口（人）、减贫幅度、光伏扶贫收入（万元）、客户服务满意率、供电可靠性、办电时间（天）。

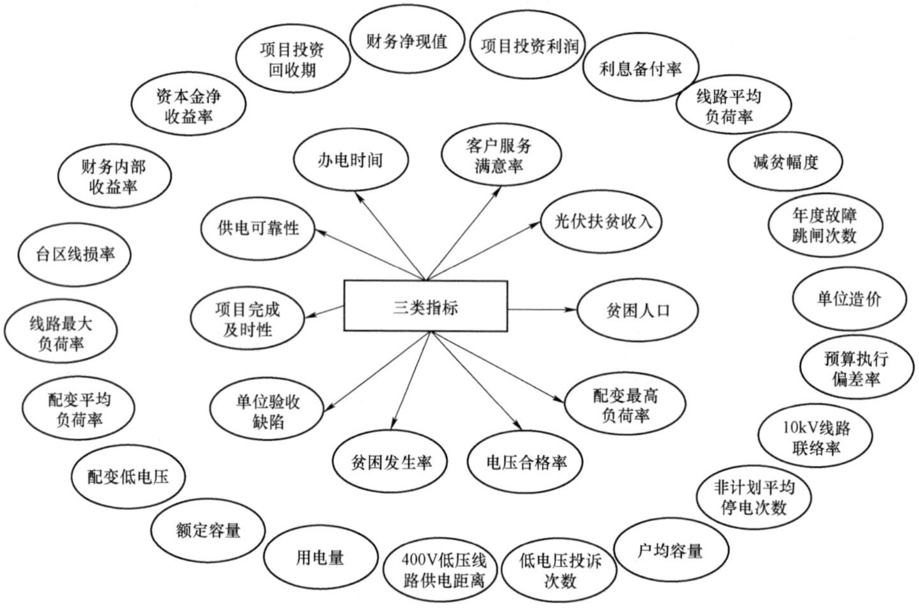

图 6-4　三类指标分类图

3. 审计规则建立与后评审自动数字化分析

（1）设置权重：三类指标权重配置应科学合理。充分反映从可研、评审、设计、施工、操作规范，工程效益（人力、财务、物资、营销、生产）、社会影响到可持续性的实际情况，对比标准值和预期效果，得出综合性和客观性的评价。详细权重配置见图 6-5。

（2）进一步利用数字化技术，通过三类指标分与乘以对应权重，得出分数明细表，分数明细从横向和纵向上反映工程实际状况，自动完成以下流程：获取基础表－生成中间表数据－提取中间表数据进行格式填充－批量对应引入格式数据计算指标得分－获取得分对标标准值并反馈项目得分。具体赋值及数据由程序自动填入见图 6-6。

一类指标	权重	二类指标	三类指标	权重
经济效益指标	0.2	盈利能力	财务内部收益率	0.3
			资本金净收益率	0.1
			项目投资回收期	0.2
			财务净现值	0.1
			项目投资利润	0.1
		偿债能力指标	利息备付率	0.2
电网运行指标	0.25	负荷指标	线路平均负荷率	0.1
			线路最大负荷率	0.1
			额定容量（kVA）	0.01
			用电量（kWh）	0.09
			配变平均负荷率	0.1
			配变最高负荷率	0.1
			台区线损率	0.1
		电能质量指标	配变低电压（V）	0.1
			400V 低压线路供电距离（m）	0.1
			低电压投诉次数	0.1
			户均容量（kVA/户）	0.1
电网安全指标	0.2		10kV 线路联络率	0.25
			年度故障跳闸次数	0.25
			非计划平均停电次数	0.25
			电压合格率	0.25
项目管理指标	0.1	造价指标	预算执行偏差率	0.25
			单位造价（万元）	0.25
		管理指标	单位验收缺陷	0.25
			项目完成及时性	0.25
社会责任指标	0.25	脱贫指标	贫困发生率	0.1
			减贫人口（人）	0.1
			减贫幅度	0.1
			光伏扶贫收入（万元）	0.2
		美好乡村指标	客户服务满意率	0.1
			供电可靠性	0.2
			办电时间（天）	0.2

图 6－5　指标详细权重

经济效益指标	权重	得分	权重得分	单项总得分
财务内部收益率	0.3	70.00	21	
资本金净收益率	0.1	72.00	7.2	
项目投资回收期	0.2	60.00	12	
财务净现值	0.1	70.00	7	
项目投资利润	0.1	70.00	7	
利息备付率	0.2	75.00	15	
				69.2
电网运行指标	权重	得分	权重得分	单项总得分
线路平均负荷率	0.1	70.00	7	
线路最大负荷率	0.1	80.00	8	
额定容量（kVA）	0.01	80.00	0.8	
用电量（kWh）	0.09	70.00	6.3	
配变平均负荷率	0.1	70.00	7	
配变最高负荷率	0.1	70.00	7	
台区线损率	0.1	90.00	9	
配变低电压（V）	0.1	85.00	8.5	
400V 低压线路供电距离（m）	0.1	90.00	9	
低电压投诉次数	0.1	90.00	9	
户均容量（kVA/户）	0.1	90.00	9	
				90.6
电网安全指标	权重	得分	权重得分	单项总得分
10kV 线路联络率	0.25	80.00	20	
年度故障跳闸次数	0.25	75.00	18.75	
非计划平均停电次数	0.25	75.00	18.75	
电压合格率	0.25	100.00	25	
				82.5
项目管理指标	权重	得分	权重得分	单项总得分
预算执行偏差率	0.25	80.00	20	
单位造价（万元）	0.25	90.00	22.5	
单位验收缺陷	0.25	90.00	22.5	
项目完成及时性	0.25	80.00	20	
				85
社会责任指标	权重	得分	权重得分	单项总得分
贫困发生率	0.1	100.00	10	
减贫人口（人）	0.1	100.00	10	
减贫幅度	0.1	100.00	10	
光伏扶贫收入（万元）	0.2	90.00	18	
客户服务满意率	0.1	100.00	10	
供电可靠性	0.2	95.00	19	
办电时间（天）	0.2	95.00	19	
				98

图 6－6　各项指标详细得分

三、基于多源多维数据投资项目后评审

基于多源多维数据投资项目后评审审计是一项全过程、多维度的管理活动。其中不仅应用了公司内部业务系统数据，如：生产业务系统、ERP 系统、招标系统、标准财务系统、一体化销售系统等，还应用了钢铁网、天眼查、信息价以及公开市场价等外部数据源，通过多源数据之间的验证、对比进行分析，发现审计问题，降低审计风险。再结合投资项目科研设计管理、投资项目施工过程管理和投资创效情况评价管理等方面，多维度进行归纳性及贯穿性分析评价，深度分析问题成因，挖掘审计深度。通过对投资管理部项目后评审工作的审计，突出内部审计的内向性服务特征，强化了审计主体的层次性和多元性，通过自评和复评的联动，进一步突出了内部审计的服务价值。

（一）多维投资项目后评审审计风险的识别

在审计计划阶段，通过多维度识别投资项目后评审审计的风险，根据风险值来确定审计的范围和重点，对重大错报风险高的事项进行核查，以便降低检查风险，进而降低审计风险，保证审计质量。按照固定资产投资后评审工作的流程，锁定资金、资产、资源三大要素，从建设成功度、投资成功度、管理成功度各方面出发，从项目组织、项日实施、项目运营、项目评价四个维度进行了风险识别。

（二）建立多源多维的项目后评审审计模型

1. 全面构建多源数据集市

在进行投资项目后评审审计工作时，以审计问题库数据为线索，以投资管理部的生产业务系统数据为主要数据源，匹配经营财务部等多源数据，建立审计数据集市，将投资项目从单个、静态、片段的样本变为全面、动态的数据流，为后期建立各类审计模型提供数据基础。

2. 编写分析模型

在进行分析模型构建时，仍然是多维度出发，结合具体管理要求，从项

目共同标准要素出发，设计“后评审不合格项目”“超期项目”“非招标项目”“非 BOT 项目”“超投资概算项目”“多项目同一设计单位”“多项目同一建设单位”等近 20 个分析模型，通过整合分析锁定疑点和问题点。在对疑点进行整理汇总的过程中，按照问题严重程度，从高到低创新设置红、黄、蓝项目风险等级参考，建立投资项目审计典型问题判定标准库，按发现问题的严重性赋予红、黄、蓝三个重要级别，以便于在审计中结合风险导向有的放矢，合理配备审计资源。

3. 建立查证模型

根据问题等级，通过逻辑分析、对比分析，确定疑点和重点，通过现场调阅相关后评审资料、佐证资料、结算资料等，结合项目现场走访核实，对项目进行更深的审计核查。由于公司投资项目多，时间长，难以做到现场全面核实。先从时间和成本构成的逻辑性分析和有关资料的佐证分析，有重点、有针对性的进行审计查证工作。通过逻辑分析、对比分析、回归分析等、针对不同的问题点，如：“投标书非实质性相应”“标段非偶然性雷同”“工程费用内部分项构成异常”“不合理贴近计划投资”等建立多维度的核查模型。

（三）多源多维投资后评审的穿透式审计

1. 多源数据关联，全景展示项目

在审计实施阶段，通过数据关联分析、比较分析，实现项目的全景展示，以便能够深层次、根源性揭示问题。

2. 多维全面复核后评审工作执行过程及结果

在对项目的情况有了全景了解之后，首先以公司对于后评审工作的流程及相关制度文件规定为标尺，对投资管理部开展的投资后评审情况进行审核和复核，包括其后评审工作开展的合规性、评价的客观性、整改的有效性等维度。

3. 多数据源挖掘后评审纵向深度

根据前一步审计后评审报告合规、合理性发现的问题，结合评价弱项（如招投标、核量计费）与缺失项，对重要领域、重大项目和重要环节实施深入挖掘审计，加深项目后评审的深度。

4. 多维度拓展后评审横向宽度

鉴于公司整合后，管理范围的重新界定和划分，以及公司在管理资源上的分配特点，本次审计对项目后评审范围进行了横向拉宽。对公司下属的全资子公司 A 公司和新托管范围的 B 公司的投资项目进行了延伸和覆盖。

5. 多维度项目后评审审计问题层次性分析及总结

第一个层次涵盖制度、流程与操作执行的浅层问题，问题主要分为执行、能力、管理三大方面。第二个层次主要涵盖后评审实践问题总结以及成果的充分转化及运用的深层问题。

通过将投资项目管理过程中的各项问题暴露在“阳光”之下，深入分析投资项目后评审工作审计发现问题的层次性，区分浅层和深层，分别对症下药。浅层问题直接督促相关部门整改，迅速落实到位。而深层问题涉及了公司在资源配置、部门协同、内控防线等方面的不足，站位更高，从根源上治疗投资后评审工作无法痊愈的沉疴痼疾。

（四）投资项目后评审审计方法的综合运用

投资项目后评审审计方法包括统计预测法、对比法、逻辑框架法（LFA）、层次分析法、因果分析法和成功度法等。审计中通过综合运用以上评价方法，复核投资后评审工作的实施与执行是否科学有效。

第六节　工程审计场景应用实例

数字化正在颠覆世界的运作方式，而且影响速度正在加快。审计行业也需逐步开始从信息化向新兴技术驱动的数字化进步，以应对被审计单位快速数字化转型所带来的一系列挑战，满足公众、监管机构对审计质量的期望。审计服务信息化变革、数字化转型成为内审机构门所适应数字化时代发展、提高审计质量和效率的必由之路。现代审计，无论是外部审计还是内部审计在发展中不断地汲取科技进步的成果。近几年的数字化为主的大数据分析也给审计工作带来了新的视野、新的思路和新的方法。审计人员必须从数据入手，不能让数字化审计只停留在概念阶段，只有通过数据驱动的数字化分析，才能发现未来适合审计发展的道路。

一、新能源产业链及充电桩后评审审计场景

（一）已投资建设充电桩评审内容

选取“十四五”期间充电桩建设项目重点分析。获取充电桩前期规划可研、建设成本、建设周期、运营收入成本等历史数据，从发展规划、投资建设、运营管理、效益效率、控制风险五个方面开展评审。结合获取的全国充电桩指标水平及排名情况，对充电桩建设质效进行分析，揭示充电桩运营存在的短板和问题。

1. 发展规划

发展规划主要对充电桩市场布局及份额等发展环境以及规划进行分析，反映前期投资决策环境。市场布局评审电动汽车充电行业各投资单位以及充电区域分布；市场份额评审电动汽车充电行业各地区市场占有量及份额比重；投资规划评审包括分析“十三五”“十四五”期间国家、各地政府，以及某电动汽车公司对电动汽车充电设施投资、运营相关规划，分析电动汽车充电桩等充电设施投资计划与国家、各地方政府规划衔接是否有效、产业规划布局是否合理、投资规划预测是否准确、规划实施效果是否达到预期、数据资产化效益等。

2. 投资建设

评审分析电动汽车充电行业近几年投资及变化情况，该电动汽车公司充电桩及充电平台建设投资情况，包括充电设施前期投资决策的精准性，整体投资额、投资布局分析是否准确，平台投资和充电桩投资建设是否匹配；充电设施投资造价控制及充电桩设备质量情况，较国际以及国内其他电动汽车公司相比存在的优缺点；充电桩建设周期是否达到规划、可研的预期，在电动汽车充电行业是否处于领先水平。

3. 运营管理

评审电动汽车充电桩运营效果及运营安全情况。运营效果评审主要分析该电动汽车公司充电桩利用效率，包括每年单桩充电量、闲置充电桩情况、

单桩利用效率等，评审资产是否充分有效利用。运营安全评审围绕提升充电品质，促进行业安全管理，从充电桩安全运行、平台安全运行两方面开展评审。

4. 效益效率

新能源汽车充电桩基础设施建设是国家提出的“新基建”的重要组成领域，行业发展对于战略性新兴产业发展，经济高质量发展、稳定就业具有重要意义。分析电动汽车充电桩投资经济效益、区域发展贡献等，评价项目的盈利能力，偿债能力，可持续发展能力等，反映项目对社会经济贡献，全面、客观反映新基建战略落实情况，投资成效。

5. 控制风险

围绕经营风险管控，从电动汽车公司基本情况、业务情况、人员情况、资产情况等方面全面分析投资风险，并提出应对策略。基本情况包括公司股权变化、资产重组、内部管理等；业务情况包括电动汽车充电桩运营模式、研发情况、客户及供应商情况、行业竞争情况等；人员情况包括人员结构及规模等；资产情况包括各类充电桩投资、充换电平台投资管理等。

（二）新能源汽车上下游产业链评审内容

根据业务模块、类型、数据获取情况，选取评审样本，从发展规划、效益效率两个方面开展评审。一是通过设置收入、成本、市场份额、绿电等参数，搭建指标模型测算相应的经济效益、社会效益和环境效益等，并按年、运营方式、类别等进行分维度展示。二是通过对电动汽车产业链上下游供应商、终端用户、政府及行业机构等产业信息整合，选取投资规模、营业收入、销售费用、广告投放情况、营销手段等行业数据或资料，分析产业链各环节间不同指标间的联动效应，再者通过选取典型案例，根据选择标准进行优势、劣势、机会、威胁的 SWOT 分析，分析包括某电动汽车公司在内的分析对象在行业中所处的地位和发展机遇。

1. 发展规划

发展规划主要对新能源汽车产业链行业内外部环境、核心能力及竞争优势、市场布局及份额等发展环境以及规划进行分析，反映前期投资决策环境。内外部环境评审包括调研新能源汽车产业链行业国际、国内发展变化情况，分析新能源汽车产业链上下游制造商、客户等对电动汽车充电行业影响，进行优势、劣势、机会、威胁的SWOT分析；市场布局评审新能源汽车产业链行业各投资单位以及区域分布；市场份额评审新能源汽车产业链行业各地区市场占有量及份额比重；投资规划评审包括分析"十三五""十四五"期间国家、各地政府、某电动汽车公司对新能源汽车产业链投资、运营相关规划，分析电动汽车新能源汽车产业链投资计划与国家、各地方政府规划衔接是否有效、产业规划布局是否合理、投资规划预测是否准确、规划实施效果是否达到预期、数据资产化效益等。

2. 效益效率

评审分析新能源汽车产业链上下游行业对推动产业升级转型、促进绿色、低碳发展、促进经济社会发展、增加企业盈利等方面的贡献。分析新能源汽车产业链上下游行业投资经济效益、区域发展贡献等，评价项目的盈利能力，偿债能力，可持续发展能力等，反映项目对社会经济贡献。

（三）评审指标

1. 评审指标

结合历史后评审工作成果以及电动汽车充电设施建设投资特点，本次评审从发展规划、投资建设、运营管理、效益效率、控制风险5个方面设置38个评审指标。

表6-3　　　　评审指标表

序号	评审维度		评审指标
1	发展规划	发展环境	内外部环境
2			"碳达峰、碳中和"目标规划
3			市场布局
4			市场份额
5		投资规划	国家电动汽车充电业务规划情况
6			地方政府电动汽车充电业务规划情况
7			省电动汽车规划情况
8	投资建设	整体投资	电动汽车充电桩及平台投资额
9			投资决策程序
10			可研一致率
11			可研精度深度

续表

序号	评审维度		评审指标	
12	投资建设	单桩投资	进度计划完成率	
13	投资建设	单桩投资	单桩投资成本	
14	投资建设	单桩投资	单桩投资节余率	
15	运营管理	运营效果	单桩充电量	
16	运营管理	运营效果	年绿电交易电量	
17	运营管理	运营效果	充电桩利用率	
18	运营管理	运营效果	单桩利用效率	
19	运营管理	运营安全	充电桩安全事故发生数量	
20	运营管理	运营安全	平台运行安全	
21	效益效率	整体投资	盈利能力	年度投资利润
22	效益效率	整体投资	盈利能力	总投资收益率
23	效益效率	整体投资	偿债能力	利息备付率
24	效益效率	整体投资	偿债能力	偿债备付率
25	效益效率	整体投资	区域经济社会发展	促进新能源汽车产业升级
26	效益效率	整体投资	区域经济社会发展	“碳达峰、碳中和”贡献
27	效益效率	整体投资	区域经济社会发展	服务电动汽车用户
28	效益效率	单桩投资	投资效益	财务内部收益率
29	效益效率	单桩投资	投资效益	财务净现值
30	效益效率	单桩投资	投资效益	投资回收期
31	控制风险	业务风险	充电桩运营模式	
32	控制风险	业务风险	技术研发情况	
33	控制风险	业务风险	客户及供应商情况	
34	控制风险	业务风险	行业竞争情况	
35	控制风险	人员风险	人员结构风险	
36	控制风险	人员风险	人员规模风险	
37	控制风险	资产风险	资产权属风险	
38	控制风险	资产风险	专利权等无形资产管理风险	

2. 指标解释

（1）发展规划评审指标。包括内外部环境、“碳达峰、碳中和”目标规划、市场布局、市场份额、国家电动汽车充电业务规划情况、地方政府电动汽车充电业务规划情况及省电动汽车规划情况。

① 内外部环境：分析充电桩制造商、客户等对电动汽车充电行业影响，进行优势、劣势、机会、威胁的 SWOT 分析，分析电动汽车公司的核心能力和竞争优势。

②“碳达峰、碳中和”目标规划：结合公司“碳达峰、碳中和”行动方案，分析电动汽车充电网络建设规划，与新能源汽车产业发展衔接等。

③ 市场分布：分析电动汽车充电行业市场布局情况，包括区域分布、单位分布。

④ 市场份额：分析电动汽车充电行业各地区市场占有量及份额比重。

⑤ 投资规划：包括国家电动汽车充电业务规划、地方政府电动汽车充电业务规划及某电动汽车公司规划三方面。分析电动汽车充电业务规划与国家、地方政府规划衔接的一致性，产业规划布局的合理性；投资规划的准确性；规划实施效果是否达到预期等。

（2）投资建设评审指标。投资建设评审从整体投资和单桩投资分别进行评审，其中整体投资评审指标 4 个，分别为电动汽车充电桩及平台投资额、投资决策程序、可研一致率、可研精度深度；单桩投资指标 3 个，分别为进度计划完成率、单桩投资成本、单桩投资节余率。

① 电动汽车充电桩及平台投资额：分析审计年度中电动汽车充电桩及平台建设投入。

② 投资决策程序：对规划、核准决策程序合规性进行评审，评审工作程序是否规范、是否符合国家或地方政府投资主管部门相关的规定。

③ 可研一致率：对可行性研究合理性进行评审，将规划建设规模及主要技术方案与可行性研究进行对比，包括建设地点、建设规模、建设及投产时间、总投资，分析差异变化，说明变化原因，评审项目可研规划合理性。

④ 可研精度深度：对可行性研究报告编制单位资质、及时性、必要性、完整性、规范性等进行评审；评审可研报告中各类要素是否完整，是否清晰阐述和反映了项目的电网规划、项目概况、投资必要性、财务合规性、可研经济性、技术方案可行性等；可研报告涉及的各类资料和数据是否充分、完整，项目可行性研究报告或项目建议书中是否有明确的量化数据，可研报告中是否有明确的效益或投入目标等。

⑤ 进度计划完成率：分析项目是否按照进度及时完工。

$$进度计划完成率=\frac{按进度计划完工的子工程项目数}{子工程项目总数}\times 100\%$$

⑥ 单桩投资成本：分析单个充电桩的投资成本。

⑦ 单桩投资结余率：分析工程决算投资与批复概算投资偏差情况。

$$投资节余率=\frac{批准概算-竣工决算}{批准概算}\times 100\%$$

（3）运营管理评审指标。运营管理评审从运营效果、运营安全分别进行评审，其中运营效果指标 4 个，分别为单桩充电量、年绿电交易电量、充电桩利用率、单桩利用效率；运营安全指标 2 个，分别为充电桩安全事故发生数量、平台运行安全。

① 单桩充电量：单个充电桩每年的充电量。

$$单桩充电量=\frac{年累计充电量}{充电桩数量}$$

② 年绿电交易电量：单个充电桩每年绿电交易电量

③ 充电桩利用率：评审充电桩的闲置情况

$$充电桩利用效率=\frac{实际在用充电桩}{总投产充电桩}$$

其中：

$$总投产充电桩=实际在用充电桩+闲置充电桩$$

④ 单桩利用效率：评审在运充电桩资产的利用效率。

$$单桩利用效率=\frac{年实际充电利用小时数}{年设计充电利用小时数}$$

⑤ 充电桩安全事故发生数量：项目投产运行过程中，充电桩安全事故发生数量。

⑥ 平台运行安全：充电平台管理规范性，包括运维、人员、设备状态监控等。

（4）效率效益评审指标。从整体投资和单桩投资分别进行设置，其中对整体投资效益评审包括盈利能力指标 3 个，偿债能力指标 2 个，区域经济社会发展贡献指标 3 个，对单桩投资效益评审包括盈利能力指标 3 个。

① 盈利能力指标。

A. 年度投资利润。

项目投产后每年贡献的输电收入扣除项目运营成本后的余额，反映项目投运期间盈利能力。

$$\text{项目投资利润}=\text{项目收入}-\text{项目运营成本}$$

B. 内部收益率。

项目在全寿命周期内净现金流量现值之和为 0 的折现率，即项目财务净现值折现为 0 的折现率。

按照现金流出是否考虑借款利息和所得税，分为融资前税前财务内部收益率（财务内部收益率）和资本金税后财务内部收益率（资本金内部收益率）。

$$\sum_{t=1}^{n}(\mathrm{CI}-\mathrm{CO})_t(1+\mathrm{FIRR})^{-t}=0$$

式中：CI 为项目各年现金流入量；CO 为项目各年现金流出量；n 为项目计算期；FIRR 为内部收益率。

C. 财务净现值。

项目按行业的基准收益率或设定的目标收益率，将项目计算期内各年的净现金流量折算到建设期初的现值之和。

$$\mathrm{FNPV}=\sum_{t=1}^{n}\mathrm{CF}_t(1+i)^{-t}$$

式中：FNPV 为财务净现值；CF_t 为各期的净现金流量；n 为项目计算期；i 为项目的基准收益率或目标收益率。

D. 项目投资回收期。

项目净收益回收项目投资所需要的时间。

$$P_t = T - 1 + \frac{\left|\sum_{i=1}^{T-1}(\mathrm{CI}-\mathrm{CO})_i\right|}{(\mathrm{CI}-\mathrm{CO})_T}$$

式中：CI 为项目各年现金流入量；CO 为项目各年现金流出量；T 为各年累计净现金流量首次为正或零的年数；P_t 为投资回收期。

E. 总投资收益率。

又名投资报酬率，运营期平均息税前利润占项目总投资的百分比。

$$总投资收益率 = \frac{运营期内平均息税前利润}{项目总投资}$$

F. 资本金净利润率。

运营期内平均净利润占项目资本金的比率。反映项目资本金的盈利水平。

$$资本金净利润率 = \frac{运营期内平均净利润}{项目资本金}$$

② 偿债能力指标。

A. 利息备付率。

利息备付率又称已获利息倍数，项目在借款偿还期内各年可用于支付利息的息税前利润与当期应付利息费用的比值。利息备付率越高，项目偿债能力越强。

$$利息备付率 = \frac{息税前利润}{当期应付利息}$$

B. 偿债备付率。

偿债备付率又称偿债覆盖率，是指项目在借款偿还期内各年可用于还本付息的资金与当期应还本付息金额的比值。偿债备付率越高，项目偿债能力越强。

$$偿债备付率 = \frac{息税前利润 + 折旧摊销 - 企业所得税}{当期还本付息金额}$$

③ 区域经济社会发展。

包括促进新能源汽车产业升级、“碳达峰、碳中和”贡献、服务电动汽车用户 3 个指标，分析电动汽车充电桩投资区域发展贡献，评价项目对社会发展贡献、可持续能力，全面、客观反映新基建战略落实情况，投资成效。

（5）控制风险评审指标。从业务风险、人员风险、资产风险分别进行评审，其中业务风险指标 4 个，人员风险指标 2 个，资产风险指标 2 个。

① 业务风险：分析电动汽车充电业务主要风险，包括充电桩运营模式、技术研发、客户及供应商、行业竞争情况等。

② 人员风险：分析电动汽车公司人员管理风险，包括职工、劳务派遣人员等人员结构风险；人员整体规模与业务扩张、人员流程匹配风险等人员规模风险。

③ 资产风险：分析电动汽车公司资产权属、固定资产、无形资产、资金等资产管理环节存在风险，包括充电桩对应的固定资产、专利权等完整、准确，权属清晰等。

3. 经济效益模型

电动汽车充电设施投资包括充电桩建设投资及充换电平台建设投资。针对充电设施投资，从整体效益及单桩效益评审开展投资经济效益后评审工作。

（1）整体投资效益评审。

1）整体收入情况。

电动汽车服务有限公司充电设施投资收入按照不同运营模式包括自建充电设施收入、运维公司充电桩收入、充换电平台收入。自建充电设施收入包括电费收入、服务费用、租赁收入等；运维公司充电桩收入包括服务费分成收入、充电桩运维收入等；充换电平台收入主要包括平台服务收入，主要收入类型解释如下：

① 电费收入：结合充电设施充电电量、《国家发改委关于电动汽车用电价格政策有关问题的通知》（发改价格〔2014〕1668 号）文件规定的电价以及各省优惠电价结算。

② 充换电服务收入：结合充电设施充换电量、各地政府出具的收费标准计算。

③ 充电设施运维收入：结合运维收入合同计算。

④ 补助收入：电动汽车服务公司争取的相关财税政策及补贴收入，结合实际收到的财政补助资金确认。

⑤ 租赁收入：电动汽车服务公司投资建设充电设施后租赁给外部单位（如公交集团）运营，公司收取的租金收入，结合租赁合同计算。

2）整体成本情况。

电动汽车服务有限公司充电设施运维成本包括充电站购电成本等变动成

本以及设备折旧费、服务及运维费用、管理人员工资、日常费用、充电场所修缮、高速公路代管费及其他成本等固定成本，通过开展现场评审，获取并核实相关数据，逐项计算成本。

3）整体投资效益。

① 经济效益：主要对投产后实际运营效益进行测算分析，结合充电设施投资、收入、成本逐年计算项目投资利润、总投资收益率、资本金净利润率、利息备付率、偿债备付率。

② 运行情况：结合不同地区充电桩数量、充换电量总额计算单桩充电量反映资产利用效率；分析充电桩投产后发生的安全事故反映项目运行水平。

（2）单桩投资效益评审。在开展整体投资效益评审的基础上，选取单个充电桩开展投资效益分析。基于单个充电桩历史投资利润，结合建设部2006年发布的《建设项目经济效益评价方法与参数》（第三版），选取代表单个充电桩开展全寿命周期投资效益测算分析，计算财务内部收益率、资本金内部收益率、财务净现值、投资回收期等指标；并结合历史数据进行充电量等盈亏平衡点分析。

（四）工作特色

拟利用数字化手段，在相关系统中抓取充电桩布局、利用率、运维情况等基础数据，多维度跨域关联分析数据。

1. 数据来源多元性

为全面评审充电桩充电桩布局、利用率、运维情况等运营信息，从内外部系统平台中获取数据。内部系统包括营销业务支持系统、车辆网系统、用电信息采集系统等，外部平台包括省政府网站、发改委网站等政府平台，星星充电、特来电等竞争对手平台，中国充电联盟、国家能源局等平台。

2. 数据多维度分析

（1）多系统间关联分析。通过在营销业务支持系统、车联网系统、用电信息采集系统等多系统间数字化抓取桩数、交易电量、交易金额、交易次数、交易时长等数据，分析在一天内不同时间点充电桩利用率，不同区域充电桩分布与利用率的相关性。

1）营销业务支持系统、车联网系统关联分析。

通过获取营销业务支持系统，包括电话呼叫、软件线上等各类渠道，提取相关数据，深入分析客户诉求中反映出的充电服务质量缺陷。

2）车联网系统与用电信息采集系统关联分析。

挑选典型区域，统计不同时间分布的充电量，分析电价对充电桩使用率之间的关系。时间段可参考《××省电网峰谷分时电价实施办法》：居民用电峰谷时段划分：平段 14 小时：8:00～22:00；低谷 10 小时：22:00～次日 8:00。工商业及其他用电销售电价峰谷时段划分：高峰 8 小时：9:00～12:00，17:00～22:00；平段 7 小时：8:00～9:00，12:00～17:00，22:00～23:00；低谷 9 小时：23:00～次日 8:00。

3）车联网系统与政府公开信息的关联分析。

根据收集到的××省充电桩运营数据，以地标建筑、高速快充、核心区公共、居民区公共、企业专用、交通枢纽、文教卫生、远郊公共、政府办公区、主干道侧为维度划分充电桩建设区域，通过对比分析充电桩数量、交易电量、交易金额、交易次数、交易时长等数据，分析充电桩区域布局与利用率之间的关系。

（2）同行业公司间分析。通过对电动汽车产业链上下游供应商、终端用户、政府及行业机构等产业信息整合，一是选取投资规模、营业收入、销售费用、广告投放情况、营销手段等行业数据或资料，分析产业链各环节间不同指标间的联动效应，二是通过选取典型案例，根据选择标准进行优势、劣势、机会、威胁的 SWOT 分析，分析包括在内的分析对象在行业中所处的地位和发展机遇。

二、基于多系统下变压器信息管理模型分析应用场景

（一）模型背景及内容

为加强计划和工程前期管理，深化可研设计深度，提高可研质量，增强可研预见性、准确性和可操作性，确保可研初设的执行刚性；规范物资管理，保证物资采购计划与项目实际需求一致，规避通过项目采购物资调节使用；揭示 ERP 系统项目出库物资与实际投运形成生产业务系统台账、ERP 系统资产信息不一致现象，提高设备台账录入及新建资产信息的规范性和准确性。

通过工程、物资及财务专业数据全量、跨域分析××企业××年已竣工工程项目中存在变压器台数计划与 ERP 出库、生产业务系统投运、ERP 新建资产信息不一致或容量不一致情况，其次分析改造后台区异常发生情况，判断项目投资成效，为后续精准投资提供有效参考。

（二）数据来源

本模型数据主要涉及生产业务系统、ERP 系统等业务系统。

表 6-4　　　　　　　　评审指标数据来源表

序号	字段名称	字段编码
1	项目名称	xmmc
2	项目/工程	xmtype
3	实际竣工时间	jgys_sj
4	工程分类	xmlb
5	WBS 码	wbsm
6	生产业务系统项目编号	生产业务系统 xmbh
7	计划变压器台数	pdspbts_jh
8	项目名称	xmtypename
9	计划变压器容量	pdspbrl_jh
10	项目定义	PSPHI
11	物料描述	maktx
12	实发数量	menge
13	工程编码	wbsbh
14	设备名称	sbmc
15	额定容量	edrl
16	文本	txt50
17	资产资本化日期	aktiv
18	资产状态	ord43
19	WBS 元素	posid
20	变压器名称	byqmc
21	最大负载率	fzl decimal
22	最早异常发生时间	date_time_first
23	数据类型	sjlx

（三）模型逻辑分析

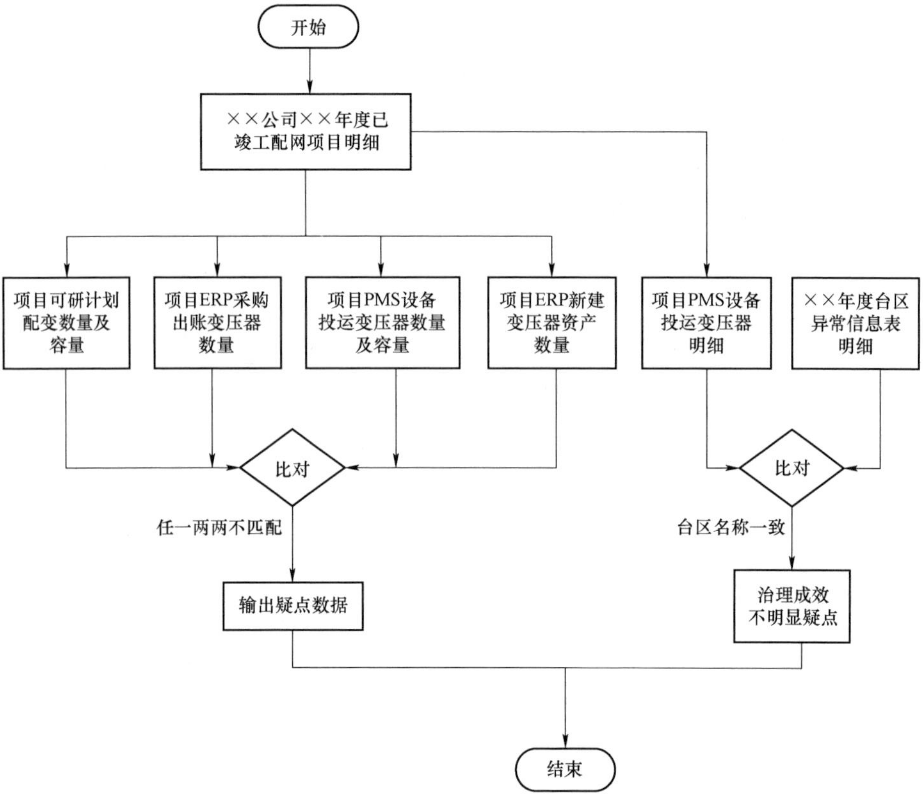

图 6－7　模型逻辑分析图

（四）具体步骤

1. 步骤 1：提取××企业××年度竣工项目明细

根据相关业务系统，导出××企业××年度已竣工项目明细。

2. 步骤 2：提取项目前期计划

利用“项目编号”与步骤 1 已竣工项目“WBS 码（前 12 位）”匹配，在相关业务系统中导出已竣工项目计划变压器台数、计划变压器容量等数据；

3. 步骤 3：提取项目物资采购明细表

在 ERP 系统中，输入已竣工项目编码，查询对应项目下变压器出库明细，利用工具进行处理汇总，输出已竣工项目变压器采购数量明细表。

4. 步骤 4：提取项目下投运变压器数量及容量

通过生产业务系统进入“电网设备台账管理”模块，点击进入“设备台账查询统计”界面，选择“柱上变压器”字段，输出所有柱上变台账信息表，利用生产业务系统中“项目编号”与步骤 1 已竣工项目“WBS 码（前 12 位）”匹配，输出对应项目下投运变压器明细，再利用工具进行处理汇总输出对应项目下累计投运变压器台数及容量。

5. 步骤 5：提取项目下转资变压器数量

在 ERP 系统中导出“资本化日期”在××年度新建资产信息表，利用该表中“WBS 元素（前 12 位）”与步骤 1 已竣工项目“WBS 码（前 12 位）匹配，输出对应项目下转资变压器总台数。

6. 步骤 6：提取项目改造后台区异常信息表

根据相关业务系统，导出××年之后该公司台区异常信息表，通过步骤 4 输出项目下投运变压器“设备名称”与台区异常信息表中“变压器名称”进行匹配，输出台区改造后出现异常情况明细表。

数据处理注意事项：

（1）筛选各个系统中“项目编号、项目定义、工程编码”一致项目，取“项目下达日期”在审计年度期间；

（2）“打包项目或单体工程”字段取“1”，同一项目下生产业务系统投运变压器台数累加、容量累加单独成一列为“投运总台数”“投运总容量”（根据不同设备编码计数，一个项目下对应几个设备编码则计数为几台变压器新投运，几台变压器容量累加）；

（3）比较“计划变压器台数”“实发数量”“投运台数”“转资变压器台数”若不同时一致或者“计划变压器容量”与“投运容量”不一致都列为疑点。

（五）模型应用成效

××年××企业农配网竣工项目 193 个，通过该数据模型应用，筛出变压器台数存在计划与 ERP 出库、生产业务系统投运、ERP 转资不一致或容量不一致项目，共发现疑点 74 条，经核查确认问题 53 条，涉及购置金额 150.64 万元。上述错误信息已转属地各部门进行档案核对修改和情况说明。同时，通过该数据模型筛选出××年竣工投运变压器运行情况，输出改造不彻底台区疑点数据17个，待进一步核查后，指导相关部分强化精准投资，提高效益水平。

（六）模型创新点

（1）直观反映各系统中变压器信息差异。本模型主要将变压器改造项目中变压器数量及容量在项目储备计划、项目物资采购、生产业务系统投运环节、ERP资产新建全过程进行对比，直观反映出同一个项目变压器在各个系统中的信息是否一致。

（2）规范物资采购使用流程。通过项目变压器采购数量与生产业务系统变压器投运数量对比，分析物资采购计划与项目实际需求是否一致，避免通过项目调节使用采购物资，规范物资基础管理。

（3）为生产业务系统设备台账录入及ERP新建资产信息的冗余数据治理提供有力证据。由于项目管理人员系统操作水平参差不齐，各系统中关键字段录入不全或部分字段未录入，导致各系统之间无法匹配。本模型可输出由于数据问题导致的疑点，指导业务部门进行数据治理工作。

三、配网投资规模一致性审计场景

（一）模型背景及内容

在配网项目立项时依据需要改造的配网情况确定建设规模，并经过评审确定下达投资计划，其中新增变压器类项目的建改规模，变压器台数、变压器容量是配网建设中关键信息。由于变压器类项目数量多分布广的特点，审计人员通常项目清单中抽样，逐项收集建设地点、规模等项目信息，再结合现场核查确定问题，效率较低。

在农配网项目审计中，对配电网中变压器建设规模与下达计划是否一致的问题，审计采取核对生产业务系统的设备台账数据、工程项目管控系统的项目建设规模信息数据，从差异数据中定位疑点，再通过检查核实，提高审计效率，并得出相应的结论。

（二）数据来源

本次模型数据主要来源于生产业务系统。审计源数据字段名称及来源系统见表 6-5 所示。

表 6-5　　审计源数据字段名称及来源系统表

序号	设备类型	数据名称	来源系统
1	变压器台账信息	变压器名称	生产业务系统
2		运行编号	
3		运维单位	
4		额定容量	
5		投运日期	
6		工程编号	
7		工程名称	
8	工程建改规模	工程编号	工程项目管控系统
9		工程名称	
10		变压器台数	
11		变压器容量	

（三）模型逻辑分析

1. 逻辑分析流程图

首先通过系统获取相关数据，并对数据进行处理和计算，根据审计逻辑规制进行判断，输出审计疑点，具体流程见图 6-8 所示。

2. 具体步骤

（1）数据获取。审计数据主要来源于生产业务系统设备台账数据、工程项目管控系统的项目建设规模信息数据，本次建模使用的数据为××企业生产业务系统内的柱上变压器台账信息（包括设备名称、设备编码、投运时间、额定容量等）和××企业××年配电网工程建设信息（包括项目编码、项目名称、变压器数量、变压器容量等），见图 6-9、图 6-10 所示。

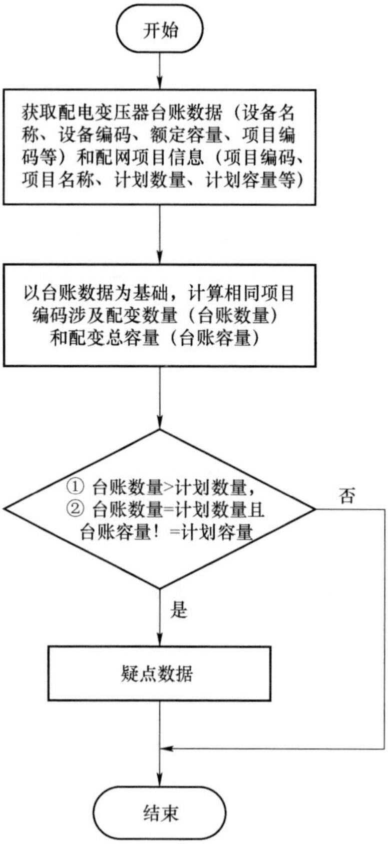

图 6-8　配网建改规模审计逻辑分析流程图

	A	B	H	O	P	X	Y	Z	AA	AF	AM	AN	AO	
1	设备名称	运行编号	运维单位	*设备状态	投运日期	*型号	*生产厂家	*出厂编号	*出厂日期	额定容量	*低压侧额定电流(A)	*wbs编码	工程编号	
2	锅湖59015	59015		在运	2014-01-10	S11-315/10	[illegible]	1401049	2014-01-08	315	144.34			
3	藕塘北59006	59006		在运	1999-05-12	S11-200/10	[illegible]	2546764	1999-07-01	200	288.66		8312L21101001	
4	后徐2号59053	59053		在运	2013-12-17	S11-M-100/10	[illegible]	2082	2012-12-31	100	72.2			
5	大咸4号59040	59040		在运	1999-06-11	S11-M-400/10	江苏华鹏变压器有限公司	002802499	1997-09-30	400	577.4			
6	杨湖南2号59062	59062		在运	2014-06-03	S11-50/10	安徽合肥变压器厂	N0-08-872	2012-12-06	50	72.2			
7	葛圩3号59056	59056		在运	2013-12-17	S11-M-100/10	[illegible]	12-458	2012-12-31	100	144.34			
8	杨圩新北1号59039	59039		在运	2009-04-21	S11-200/10	常州变压器厂	20120626	2009-03-01	200	288.66		312L2140GAL00A000000	
9	劳庙3号63022	63022		在运	1999-05-06	S11-M-200/10	安徽合肥变压器厂	2505	1999-01-01	200	288.68			
10	劳庙5号63028	63028		在运	2014-01-28	S11-M-100/10	[illegible]	141276	2014-01-01	100	144.34			
11	西北庄北1号台区03130	03130		在运	2015-04-01	S11-M-315/10	[illegible]	31514014	2014-07-01	315	454.66		12L41350HV00F000000	
12	南黄16722	16722		在运	2010-01-15	S9-100/10	[illegible]	99833	1999-07-01	100	144.3			
13	北朱台区70331	70331		在运	2020-06-10	S11-100/10	江苏华鹏变压器有限公司	2011-26371	2011-11-14	100	144.34		12L411000200Z300700	
14	姚圩东台区71929	71929		在运	2021-03-29	S13-M-200/10	上海一电变压器有限公司	YD151201988	2016-09-06	200	144.34		8112L41005	
15	大杨16705	16705		在运	2006-05-01	S11-M-200/10	[illegible]	70371007	2005-11-01	200	144.3			
16	丁王台区70334	70334		在运	2015-06-01	S11-100/10	[illegible]	143084	2015-01-01	100	144.3		12L412001700H0C0003	
17	庙朱16721	16721		在运	2006-05-01	S11-M-200/10	安徽合肥变压器厂	09-396	2005-07-01	200	72.2			
18	燃灯小桥16713	16713		在运	2012-12-15	S11-M-100/10	江西变电设备有限公司	12082771	2009-09-01	100	144.3		12L112000100Z3000000	
19	街道3号东街台区70330	70330		在运	2006-05-01	S11-160/10	安徽合肥变压器厂	205888	2005-05-01	160	231		8112L41005	
20	街道14号台区03414	03414		在运	2019-05-10	SZ13-M-400/10	[illegible]	1910303	2019-01-23	400	577.35	112L418001T00ZF99000	2112L4180017	渠县供电公
21	严庄南台区70299	70299		在运	2013-05-08	S11-M-160/10	[illegible]	12051131	2012-06-03	160	231		8112L41004	
22	张庄台区71361	71361		在运	2012-08-09	S11-200/10	江苏华鹏变压器有限公司	2011-26367	2011-11-01	200	288.68		8112L41005	
23	司陈台区70829	70829		在运	2006-12-18	S11-100/10	[illegible]	100-35	2005-08-01	100	144.3		8112L41005	
24	张圩台区70303	70303		在运	2013-05-09	S11-M-160/10	安徽电力修造厂	1210096	2012-09-04	160	231		12L411000200Z301900	
25	小张台区14662	14662		在运	2011-06-14	S13-M-400/10	常州变压器厂	05	2006-08-24	400	360.85		12L11400CX00F0C0003	
26	汪郢2号35032	35032		在运	2014-01-15	S11-M-400/10	[illegible]	A114100	2014-01-10	400	577.4		12L21350K000F131000	
27	李田郢35003	35003		在运	2012-06-11	S11-M-100/10	江苏华鹏变压器有限公司	11057407-38	2011-07-05	100	144.3			
28	汪帆35006	35006		在运	2011-11-26	S11-M-200/10	[illegible]	1104065	2011-04-26	200	288.66		8312L21101001	
29	宁庄35041	35041		在运	2013-12-01	S11-M-100/10	江西变电设备有限公司	13030568	2012-12-03	100	144.3		8312L21101001	
30	方庄35018	35018		在运	2010-07-26	S11-M-200/10	[illegible]	YP10-2486	2009-07-29	200	288.68			
31	龙汽农场学校36002	36002		在运	2015-03-16	S11-M-315/10	[illegible]	SL11400308	2014-12-01	315	454.66		12L214005800A000000	
32	中李35007	35007		在运	2016-06-15	S11-M-200/10	[illegible]	1406012	2014-06-26	200	144.3		8312L21101001	
33	刘圩南台区71769	71769		在运	2012-07-18	S11-200/10	[illegible]	10864	2012-05-01	200	288.7		8112L41005	
34	曹庄台区71313	71313		在运	2014-11-11	S11-M-200/10	[illegible]	20140112229	2014-03-13	200	288.7		12L414000H00A0C0003	
35	杨东台区70703	70703		在运	2016-05-20	S11-M-200/10	[illegible]	w140164	2014-01-01	200	288.68		12L41350HV00F0C0003	
36	街东33006	33006		在运	2013-07-08	S11-M-315/10	[illegible]	1207528	2012-10-22	315	454.66		12L21350KA00F131000	
37	西一33008	33008		在运	2014-11-14	S11-315/10	[illegible]	RD111540021	2014-07-01	315	454.66		12L214002500A000000	
38	周圩33011	33011		在运	2012-01-12	S11-M-200/10	[illegible]	PI120869	2011-07-26	200	288.68		12L212001B00H000000	
39	小集2号58046	58046		在运	2014-09-12	S11-200/10	[illegible]	1457	2013-08-01	200	288		12L215017T00F131000	
40	池水1#58043	58043		在运	2013-12-19	S11-M-100/10	[illegible]	HGYC12804	2012-12-31	100	144.3		8312L2100C001	
41	陈东1号48011	48011		在运	2020-04-24	S11-M-200/10	[illegible]	20141014	2014-01-01	200	288.66		12L213001200A000000	
42	司汉庄58033	58033		在运	1999-05-13	S11-315/10	安徽合肥变压器厂	712412	1995-07-28	315	454.66			
43	盛东53012	53012		在运	2000-05-03	S11-M-200/10	[illegible]	15-30-40	1999-03-27	200	144.34		12L212000500ZF99001	
44	青龙桥16005	16005		在运	2011-05-05	S11-500/10	安徽合肥变压器厂	2003	2011-05-01	500	721.7			
45	青龙桥东16007	16007		在运	2011-05-05	SS11-400/10	[illegible]	1720	2011-05-01	400	577.4			
46	杨圩2号53029	53029		在运	2013-12-04	S11-160/10	[illegible]	603	2013-01-05	160	231		8312L2100C001	

图 6-9　柱上变压器设备台账

项目年度	项目批次	项目名称	项目编码	建设类型	节点信息	配变台数	配变容量	架空线路长度	电缆线路长
2020	2020年业扩配套项目	10kV武店后郢7#新建工程	1812L1200006	改造	项目关闭	1	0.04		0
2020	2020年业扩配套项目	10kV总铺姜庙台区改造工程	1812L118002J	改造	项目关闭	2	0.02	0.735	0
2020	2020年业扩配套项目	板桥10kV涧北台区改造工程	1812L1180023	改造	审计	1	0.02	0.175	0
2020	2020年业扩配套项目	板桥10kV街南台区改造工程	1812L118000V	改造	审计	3	0.07	1.163	0
2020	2020年业扩配套项目	官塘10kV马圩二号台区改造工程	1812L118002D	改造	审计	2	0.06	0.184	0
2020	2020年业扩配套项目	\溪河10千伏鲁洞台区改造工程	1812L118003A	改造	审计	2	0.03	0.478	0
2020	2020年业扩配套项目	110kV邹冉变至石英砂产业园10kV	1812L119003L	改造	项目关闭	0	0	3.12	0.8
2020	2020年业扩配套项目	10kV邹冉变至石英砂产业园10kV线	1812L119003M		项目关闭	0	0	15	0.44
2020	2020配电网第一批	10千伏红心代圩台区改造工程	1812L11400C8		项目关闭	3	0.045	1.446	0
2020	2020配电网第一批	10千伏嘉燃05	1812L117006Y		项目关闭	0	0	6.66	

图 6－10　配网项目信息

（2）数据导入。在数据库中建立 2 个对应表格，[ABC].[dbo].[Taizhang]用于存储柱上变压器台账信息，[ABC].[dbo].[xmgm1]用于存储项目信息，将上述业务系统导出的表格里的关键信息导入数据库。主要代码如下：

```
CREATE TABLE
[ABC].[dbo].[Taizhang](
[设备名称]nvarchar(255),
[运行编号]float,
[运维单位]nvarchar(255),
[投运日期]nvarchar(255),
[额定容量]float,
[工程编号]nvarchar(255),
[工程名称]nvarchar(255),
)
```

```
CREATE TABLE
[ABC].[dbo].[xmgm1](
[区县公司]nvarchar(255),

[项目名称]nvarchar(255),
[项目编码]nvarchar(255),
[建设类型]nvarchar(255),
[变压器台数]float,
[变压器容量]float,
)
```

（3）数据处理。计算[ABC].[dbo].[Taizhang]（柱上变压器台账信息）中同一项目编码涉及的柱上变压器数量和总的额定容量，形成表格存储在[ABC].[dbo].[A1]中，代码如下：

insert into[ABC].[dbo].[A1]SELECT 工程编号，COUNT(*)，sum（额定

容量）

FROM[ABC].[dbo].[Taizhang]

group by　工程编号；

筛选[ABC].[dbo].[A1]和[ABC].[dbo].[xmgm]中都存在的项目，并连接两个表形成[ABC].[dbo].[A2]，包括字段项目编码、项目名称、台账数量、台账容量、计划数量、计划容量，代码如下：

insert into[ABC].[dbo].[A2]select[ABC].[dbo].[A1].工程编号,项目名称,数量,容量,变压器台数,变压器容量

from[ABC].[dbo].[A1]inner join[ABC].[dbo].[xmgm]on[ABC].[dbo].[A1].工程编号=[ABC].[dbo].[xmgm].项目编码

（4）审计分析模型构建。柱上变压器台账中项目涉及变压器数量多于项目计划数，判定规则为[台账数量]＞[计划数量]，代码如下：

select 项目编码,项目名称,台账数量,台账容量,计划数量,计划容量

from[ABC].[dbo].[A2]where 台账数量＞计划数量

柱上变压器器台账中项目涉及变压器数量与项目计划数相同，但是台账中容量与项目计划容量不同，判定规则为[台账数量]=[计划数量]and[台账容量]!=[计划容量]*10000，代码如下：

select 项目编码,项目名称,台账数量,台账容量,计划数量,计划容量

from[ABC].[dbo].[A2]where 台账数量=计划数量 and 台账容量!=计划容量*10000

（四）审计结果

本次审计对××企业农配网工程进行核查，共发现台账中项目变压器容量与项目计划容量不一致的情况 14 个，结果数据如图 6-11 所示。

疑点下发各单位核实，经核实为项目立项时现场勘察不到位，投资计划规模不精准，导致实施过程中进行了设计变更。如××县 10kV××1#台区新建工程、××县 10kV××3#台区新建工程两个工程原计划新建变压器均为 400kVA，实际实施和投运为 200kVA。

结果　消息

	项目编码	项目名称	台账数...	台账容...	计划数...	计划容量
1	1812L11500T	县10kV武店楼店3#台区新建工程	1	200	1	0.04
2	1812L21700	县10千伏徐圩尚庄1号台区新建工程	1	100	1	0.02
3	1812L41800	镇县杨庙乡10千伏兴龙台区新建工程	3	1200	3	0.1
4	1812L418001	镇县杨庙乡10千伏双庆台区新建工程	2	800	2	0.06
5	1812L217004	县10千伏肥南杨巷2号台区新建工程	1	100	1	0.04
6	1812L21600	县10千伏找郢姚山杨圩台区新建工程	2	300	2	0.08
7	1812L21700	县10千伏古城何巷台区新建工程	3	1200	3	0.1115
8	1812L31601	县10kV三信06线洪集北台区改造工程	2	800	2	0.06
9	1812L21600F	县10kV常永07线中南1#台区新建工程	2	250	2	0.04
10	1812L117002	县官沟10千伏庄家台区改造工程	1	315	1	0.02
11	1812L217002	县10kV陈集湖北台区新建工程	2	715	2	0.048
12	1812L11500T	县10kV武店楼店1#台区新建工程	1	200	1	0.04
13	1812L31600	县10kV三曹07线四铺东台区改造工程	2	800	2	0.06
14	1812L41500	县刘集镇10千伏腰庄台区新建工程	2	400	2	0.06

图 6－11　审计结果

四、废旧物资管控审计场景

（一）背景及意义

随着信息化水平日益提升，审计对象与审计环境发生了很大变化，业务数据呈现“爆发式、几何式”增长，传统审计的审计风险逐步加大。推进数字化审计，坚持走科技强审之路，是电网企业实现全面审计、高效审计、优质审计的必由之路。电网企业大力推进数字化审计，全面提高信息化环境下的审计监督能力，强化“数字”顶层设计，深化仝业务统一数据中心建设和应用，为数字化审计开展创造了条件。

目前，处于一个大数据的时代，大数据的定义为大规模数据集组成，数据量大到无法在容许的时间范围内使用传统的软件工具进行收集、使用、管理和处理。因此大数据具有数据体量巨大，处理速度快，数据种类多，价值密度低，商业价值高的特点。在大数据的形势下，本企业积极开展数字化审计，探索构建数字化审计模型，提高了审计质效，深化了审计监督职能。

传统审计主要依托于会计记录中的信息，存在较大的局限性。在数字化时代，只有将传统的审计经验方法和当今的计算机技术相结合，推进审计方式的创新，才能适应当今的审计信息化的大格局。同时在数字化时代，要求采用总体审计的方法来取代传统的采样分析审计方法，以此来发现和理解信息内容及信息间的关系，降低审计抽样风险，增加审计的客观性。

信息系统将数据集成化，使审计人员可依托专业信息平台，通过对数据采集、筛查、比对的远程数据分析和现场核查相互印证的审计方法，以系统中信息的有效性和准确性来得出经营业务活动的可靠性和真实性，查找疑点，发现企业管理中流程不顺畅、内控执行不到位之处，这样在很大程度上节省了时间，节约了审计成本，提高了审计质量。

（二）数字化审计的思路

1. 深化审计系统与业务系统应用

深化 ERP 业务审计系统、管控业务审计系统和智能持续审计系统融合，充分利用系统功能，加强专业系统研究，打破传统专业管理信息壁垒，将专业数据、业务流程、关联业务通过大数据的稽核比对，收集审计线索和疑点，优化审计标准作业流程，不断拓展审计范围和覆盖面，推进数字化审计水平不断提升。深化应用业务系统，提高内部审计精度和深度。通过深化应用 ERP 业务审计等信息系统，熟练掌握财务管理、项目管理、物资管理等模块功能点，在开展审计项目时，从资金、招投标、合同、物资、项目管理等多方面、多角度深入研究核心业务，提高对公司主要经济活动和重要业务事项的审计精度和深度。发挥审计信息化作用，提高审计证据的可靠性。通过信息系统实时数据查询、分析、筛选、集成等功能，搜集被审事项存在的潜在差异和漏洞，并对信息系统业务留痕采取直接导出原始数据、截屏截图等方式，获取客观准确的电子证据，提高审计证据的可靠性。

2. 充分提升数据抓取能力

以审计权限为突破口，逐步实现审计数据的电子化采集、分析和运用，构建多部门协调监督管理机制。加强审计数据表格化管理，在审计项目实施前，审计人员根据审计内容和工作需要，设计出不同形式、内容的电子表格，逐步实现传统纸质数据向电子数据整理转变。建立多部门数据共享机制，公司审计、财务、营销、运检等多部门实现数据共享服务，定期通报公司预算、项目进度、线损指标等核心数据，破除大数据审计屏障。

3. 加强数字化审计人力资源管理

实施专人负责制，并且指定专人研究公司审计数字化工作要求，及时传达每位审计人员，提高数字化审计应用效率。建立责任分工制。内审机构将数字化审计工作列入年度重点工作任务，明确责任分工，按照季度进行管控，并将完成质量纳入部门人员绩效考核。开展数字化审计应用研讨制。发挥审计信息系统的远程审计功能，加强事前、事中审计和风险管控审计，定期通过部室会议、专题汇报等形式研讨、反馈审计信息系统使用情况。

4. 分散核实、精准定性

对集中办公发现的数字化持续审计疑点进行重要性分类，一般疑点由被审计单位核实并反馈佐证资料，重要疑点由数据分析团队成员进行现场核查，分级分类建立问题清单。针对涉及多个业务部门的问题，组织召开联席会议，精准定性问题责任牵头部门。同时将持续审计监督与经济责任审计、专项审计等审计项目有机结合，发挥各自优势，共享持续审计监督线索和方法。

5. 充分开展数据分析工作

为数字化审计提供规范模式。首先由审计组在审前调查阶段采集被审计单位财务和业务数据，了解被审计单位业务范围和工作流程，然后将数据提交给数据分析小组，以书面形式提出审计思路和需求分析。数据分析小组召开数据分析会，构建审计分析模型，按照需求实施数据分析。在分析会上，分析小组成员可提出增加或修改需求的建议，最后将分析结果提交给审计组。审计组在现场审计过程中对分析结果进行核实，并将新发现的疑点和问题再次提交数据分析小组，数据分析小组再次召开分析会进行分析，审计组再次核实。通过两上两下，从被审计单位大量的基础数据中，及时查找和发现审计疑点，快速开展审计，提高了审计工作效率；同时促使审计范围覆盖更加全面，审计查证更加深入，提高了审计工作质量。

（三）数字化审计应用实践

电网企业属于典型的资产密集型企业，随着电网的不断建设，公司进行了大量的更新改造，在资产管理的末端环节形成了一定的废旧物资。公司在废旧物资管理上充分应用数字化审计模式，从六个方面开展工作。

1. 审查废旧物资管理内控制度的建立健全情况

健全的制度是企业规范发展的基础。要审计一个公司的废旧物资管理情况首先要了解该公司是否建立健全了废旧物资管理制度。这些制度应包括各相关部门的管理职责分工和审批权限以及废旧物资申报－审批－报废－回收－处置－账务处理等各个环节的流程规范。检查废旧物资管理是否涵盖了产生废旧物资的各个领域，应特别关注废旧计算机等电子设备管理情况是否纳入物资部门统一管理。

2. 使用ERP和生产管理等各类项目管理系统数据导出，做好分析对比

检查是否编制废旧物资拆除计划，是否进行技术鉴定。相关职能部门应组织对废旧物资进行技术鉴定并履行审批手续，按照鉴定结果将废旧物资划分为报废物资和可再利用物资。检查固定资产报废手续是否合规。固定资产报废应编制废旧资产回收计划，作为废旧物资回收的依据。审查固定资产报废是否由实物管理部门提交报废申请，并经价值管理部门、物资管理部门和上级主管部门签署报废鉴定意见。检查分析应回收与实际回收情况。根据工程项目计划，结合当年电网改造、大修项目计划或概算规模情况，对应回收与实际回收情况进行检查分析。

3. 审查废旧物资的记录是否完整，有无建账建卡

可抽查废旧物资自申请到处置的相关单据。查关注单据编号是否连续，单据记录是否完整；是否有按照规定的程序进行报废申请的审批；报废申请签名是否齐全；移交人、时间和接收人、时间有无遗漏，废旧物资记录是否完整；废旧物资处置是否履行了招投标程序，有无此过程的会议记录等资料；处置收入是否及时入账。

4. 审查财务明细账、物资台账及仓库保管员台账三者是否一致

通常一年中报废的物资不多，所以，可考虑对所有的报废物资进行账账核对，关注是否一致；若是审计年度的报废物资量较大，也可采取抽样的方式选取一定比例的样本量进行抽样测试。若是三者一致则说明该公司的废旧物资管理情况良好，否则，应找出差异原因，提出对应的建议和对策。

5. 通过物资管理系统中的相关信息，查询、检查废旧物资是否及时进行集中处置

检查物流服务中心是否及时收集、汇总废旧物资处置需求，编制的废旧物资处置计划是否经物资管理部门审批、是否存在未经审批擅自处理或自行变卖废旧物资的情况。检查废旧物资处置方式是否合规。在处置前是否对废旧物资进行价格评估，处置价格是否与中标价格一致。集中处置应采取公开

方式，由出价最高者中标。物资管理部门根据招标结果下达废旧物资处置结果通知书，废旧物资处置需求单位根据废旧物资处置结果通知书组织废旧物资回收商办理相关手续。检查是否对回收商进行资质审查和行为评价，检查是否建立回收商资质评价、准入与退出机制。审查废旧物资的竞卖程序是否合规，是否存在越权处置的情况。查关注处置的资产是否在各级公司的处置范围之列，是否采取了公开竞价，价高者得的原则确定回收单位。竞卖过程是否流于形式，是否公平公正合理、相关资料记录是否齐全，竞卖结果有无异常。审查账务处理是否准确，废旧物资处置收入是否全额入账。可通过与公司以前年度处理情况、与兄弟公司处理情况进行纵向和横向比较，查关注废旧物资处理情况是否异常；查关注企业废旧物资处理收入是否有较大的偏差。核对企业的废旧物资处理记录、过磅清单与财务账面数是否一致；废旧物资处理情况的账务处理是否准确。固定资产报废处理是否走固定资产清理程序后入营业外收支。

6. 审查废旧物资的回收率是否正常，了解导致回收率低下的具体原因

若是存在私自变卖行为则应提请相关部门进行处理；若是因客观原因造成则具体情况具体分析，会同相关部门共同商讨对策。

五、公共大数据平台应用场景

投资审计中串通投标、违法转分包等一些典型问题的发现往往与关键数据的挖掘息息相关，如今是信息化、数字化的时代，大数据已经覆盖各行各业，投资审计项目体量大、资料多，传统依靠手工翻资料的审计方法已不能完全适应新时代的审计要求，而住建、工商、社保、地理信息等公共大数据平台的出现，给审计人员的现场审计工作带来了极大的方便，不仅能迅速查实有关疑点，还能解决传统审计方式遇到的一些瓶颈问题。本文结合项目审计实践，讨论了如何通过对公共大数据平台的合理利用，对数据的有效分析，快速发现和查实问题，提高审计效率。

（一）社保大数据平台的运用

通过社保部门的大数据平台，可查询相关人员参保单位和社保缴纳时间，

并将查询结果导入电子表格比对分析，可有效解决传统审计手段因资料有限而不能确定的串通投标、违法转包等问题。但需单位出具查询函，办理手续，才能在社保部门查询相关数据，且不能立即获得查询结果。为避免因等待查询结果而影响审计工作进度，可在审计项目开始时，尽早将工程项目的设计、施工、监理等各类招投标活动中，各投标单位投标文件中委托代理人、拟派的主要管理人员，以及现场实施阶段的主要管理人员等人员分类汇总，并交给社保部门进行查询比对，从而做到与传统审计手段同步进行，互不影响，互为补充。

1. 串通投标

以往查串通投标问题，通常需要将多家投标单位的商务标、技术标等投标文件拿来翻阅比对，关注有无异常一致的情况，该过程耗时较长。并且被审计单位有可能会找各种理由，拒绝提供未中标单位的投标文件，导致无法比对投标文件，给审计工作造成困难。此时，通过查询相关人员的社保缴纳情况，会发现相关疑点：同一个标段中不同投标单位的委托代理人，其投标期间社保在同一单位缴纳。根据《中华人民共和国招标投标法实施条例》的相关规定，便可判定投标人之间涉嫌相互串通投标。

2. 出借资质

若社保查询结果显示“某标段中标单位的投标代理人在其他单位缴纳社保”，这表明投标代理人的参保单位不仅与其所代理的单位不同，也与其他投标单位也无关联。表面上，虽然无法判别是否存在串通投标的嫌疑，但可进一步查关注建设单位的付款凭证情况。若建设单位给中标单位的付款凭证等付款资料显示“中标单位的收款联系人依然为上述投标代理人”，这表明从投标到收款整个过程都是由该代理人在办理业务。根据建筑市场管理的相关规定，便可判定中标单位涉嫌出借资质给其他单位人员承揽业务。同时，还可在社保查询结果的电子表格中检索该代理人的参保单位，可能会显示：在该工程项目其他类招标的标段中，该参保单位的相关人员也作为另一个中标单位的代理人来投标，并且建设单位付款资料显示的收款人联系人也为该人员。通过以上工作，能进一步证明借资质承揽业务的问题。

3. 违法转包

以往工程转包问题是根据施工单位的分包采购资料来确定。主要通过查关注是否存在由中标施工单位负责主要材料的采购、机械设备的租赁；或者将工程分解后，中标施工单位以分包的名义转给其他单位实施等情况。以上都需要施工单位能提供比较完整的工程成本财务资料。但是，若施工单位不配合，拒不提供这些资料，或存在提供的资料不完整、做账很隐蔽等情况，想查实转包行为就比较困难。此时，可借助社保大数据平台，若通过现场的施工、监理资料，发现某工程中标施工单位的项目经理、技术负责人等主要管理人员与投标时的拟派人员不一致，并且经过社保查询，其参保单位均为另一单位，同时中标施工单位不能提供与上述人员订立的劳动合同和社会养老保险关系。根据《建筑工程施工发包与承包违法行为认定查处管理办法》的相关规定，可判定中标单位涉嫌将工程转包给其他单位实施。

（二）建设工程企业和人员资质资格查询服务平台的运用

通过国家住建部发布的全国建筑市场监管公共服务平台、住建厅发布的企业资质和人员资格查询平台等在互联网上公开的大数据平台，来查询单位资质类别和等级、专业人员资格、所在单位、注册时间等相关情况，进而可对有关疑点问题迅速加以落实，提高审计效率。

1. 相关参建单位、人员资质资格不符合要求

审计过程中，如果发现相关单位的资质、人员资格等存在疑点，而对方提供相关证明材料的过程时间又比较长，或者拖延时间据不提供，坐实疑点较为困难。此时，可通过服务平台，迅速查到相关单位的资质是否符合其所承揽工程的资质要求，有无超资质承揽业务情况，相关人员是否具备相应资格，是否存在人员资格弄虚作假、无证上岗或者变更后的人员降低资格等级的情况，查实这类问题不再受限于被审计方是否提供材料。

2. 违法转包

一般建设工程的施工项目经理、技术负责人等主要管理人员都应具备建造师资格。当发现工程施工过程中实际的项目经理、技术负责人等主要管理人员与投标的拟派人员不一致时，可通过服务平台查询这些人员是否具有建造师资格以及其建造师的注册单位。若实际主要管理人员中的多人都注册在另一家单位，且上述人员不能提供与中标施工单位订立的劳动合同和社会养老保险关系，便可初步判定中标单位涉嫌将工程转包给其他单位实施。通过

这种方式可迅速查实疑点。如果时间和条件允许，可再配合社保查询进一步夯实证据。

（三）工商信息大数据平台的运用

在市场监督部门的企业信用信息查询平台以及天眼查、企查查等商业网站的企业信息查询平台中，收录了企业的注册信息、经营状态、变更信息、法人代表、股东情况、对外投资情况等信息数据，在审计过程中可通过查询这些相关信息，方便快捷地落实疑点。

1. 串通投标

在社保查询流程烦琐或者时间不允许时，可借助工商信息来查询串通投标的证据。例如，在某工程中标施工单位的部分工程资料中，作为该单位代表签字的人员与另一家参与投标单位的投标代理人为同一人。该种情况极有可能是转包或者串通投标。由于审计时间受限，无法及时去社保部门查询社保信息，同时建设工程人员资格查询服务平台也没有该人员的注册资格等信息，在不清楚该人员的身份的情况下，很难对该问题进行定性。但通过查询中标单位的工商信息，发现该人员为中标单位的股东。于是，可判定投标人之间涉嫌相互串通投标。

2. 关联单位参与招投标

在某些工商信息大数据平台中，可显示企业的股东、主要管理人员，以及与他们相关联的其他企业。通过这些信息，可判断同一标段的不同投标人是否存在关联关系，以及投标人与招标人是否存在关联关系。这有助于对违规招标、串通投标等问题的查实。例如，通过查询工商信息，发现在某工程施工标段中，两个投标单位法人代表均为另一家单位的东的情况；或者发现投标单位是招标单位的下属机构。若是上述平台的付费用户，还可直接查关注企业关系图谱，对目标企业与其他企业的关联关系一目了然。

3. 投标资料弄虚作假

如果审计过程中发现在招投标、工程资料中，由同一个单位出具的同一时期不同相关文件中的落款名称及所盖公章不同。这种情况应该引起重视，极有可能是中标单位在制作虚假资料时没有考虑到相关单位的名称变更。此时，可通过工商信息大数据平台查询该单位的变更信息来加以判断，若资料上落款及公章的名称是该单位变更之前的名称，且落款时间晚于名称变更的时间很久，该资料很可能是虚假的。

（四）地理信息大数据平台的运用

在对建设工程及房屋拆迁的审计过程中，需要通过借助历史图片资料来判断项目在招投标、支付、结算、拆迁补偿等方面的真实性。由于被审计各方提供的资料有限，往往因疑点无法核实而导致审计工作陷入困境。若能通过相关单位和部门获取到工程范围的地理信息数据，再通过 GIS 软件进行精准定位、叠加分析更有助于开展工作。通常很难获得较为完整的相关年度地理信息数据，精确分析因此也难以实现。

但可通过谷歌地球、百度地图等公共地理信息大数据平台，查询项目建设现场的历史影像资料，满足投资审计所需要的相对准确的定位和测量数据，从而来判断项目是否存在弄虚作假、违规操作等问题。

1. 征地拆迁违规补偿

由于大多数投资审计项目在工程竣工后开展，被拆迁建筑及附属物已经被拆除，审计期间无法现场实地核实被拆迁建筑当时的真实情况，只能通过被审计对象提供的与拆迁相关的图纸、图片、政策文件、拆迁档案等相关资料来判断拆迁补偿的合理合规性。但这些拆迁资料的真实性、完整性很难保证，特别是对于历史无证房的补偿，由于缺少相关证件作为依据，对于是否应该补偿以及该补偿多少，审计人员需要在熟悉拆迁补偿政策的基础上，结合历史地理信息图片进行综合分析判断。由于谷歌地球对于地名的搜索定位不太方便，可先在百度地图搜索被拆迁房屋所在的大致位置，然后在谷歌地球上找到相应位置并查关注该位置的历史影像资料。在历史影像资料中定位该房屋后，可通过谷歌地球的面积计算工具，来测算拆迁时各方确定的补偿面积是否与房屋实际面积基本相符，并确认无证房屋形成的时点是否在拆迁公告规定的范围内，有无明显虚增补偿面积、对不该补偿的也进行了补偿等问题。同时，审计人员还可通过百度街景的历史图片，观察被拆迁房屋的立面层数及附着物等情况，综合判断有无虚增补偿层数和附着物补偿的问题。

2. 工程内容违规计量、支付、结算

以往对于土方、临时道路、路面破除等工程内容，结算审计工作已经无法核实其完成情况。上述工程内容的计量、支付、结算等过程的真实准确性较难判断，审计人员只能选择相信建设单位、监理单位和施工单位等共同确认的结果。现在可通过谷歌地球、百度街景地图在施工期的工程历史影像资料，观察其工程内容是否真实存在，有无虚报情况，还可估算土方面积、道路长度和宽度等工程量，判断相应工程内容是否存在严重的高估冒算、超付工程款等问题。

3. 虚假招标

先进场开工后进行招投标的虚假招标问题，在很多工程中都存在。但是相关单位提供的工程资料在落款时间上往往进行过处理，让审计人员很难从资料的时间上发现相关工作内容在工程招标之前就已实施的证据，难以做实审计疑点。此时，可调出谷歌地球、百度街景地图在招标时间之前相应工程区域的历史影像资料，观察有没有动工迹象。若发现存在与所招标工程内容相符的工程行为，便可判定该工程存在先进场实施后补招标程序的问题。

六、其他应用场景

（一）工程报账及时性

1. 审查逻辑

通过审计工程报账是否晚于竣工后规定时日，实现工程报账及时性审计。不同专业的审查逻辑分别为：一是通过基建业务系统、ERP 系统分别提取电网基建工程项目信息，若工程报账日期晚于竣工后规定时日，作为疑点输出；二是通过生产业务系统、ERP 系统提取生产技改工程、配电网建设改造工程项目信息，若工程报账晚于竣工后规定时日，作为疑点输出；三是通过 ERP 系统提取营销项目、数字化项目信息，若工程报账晚于竣工后规定时日，作为疑点输出。

2. 数据提取与分析

从凭证、项目两个维度，在企业的数据中台中提取结构化数据。一是从凭证维度，以项目定义作为关联字段，提取 ERP 系统凭证日期和竣工日期、基建及生产业务系统竣工日期作为判定字段，分别计算相对 ERP 系统、基建或生产业务系统的报账超期天数，根据审查逻辑确定疑点数据，并同步提取项目名称、凭证号、凭证行项目、凭证行项目描述、借贷方向、凭证金额、凭证金额绝对值等 7 个字段，作为描述疑点数据具体信息的支撑字段。二是从项目维度，提取存在疑点数据的项目定义、项目名称、汇总金额（应为绝对值金额之和）、ERP 系统、基建或生产业务系统竣工日期、最晚凭证日期、最大超期天数等 6 个字段，汇总报账滞后项目总体情况。

（二）审计工程物资收货手续办理及时性

1. 审查逻辑

通过审计工程物资办理收货手续是否晚于竣工后规定时日，实现收货手续办理及时性审计。具体分为两种情况：一是对已经收货的物资，通过基建与生产业务系统、ERP 系统提取项目信息，若工程物资办理收货手续超过竣工后规定时日作为疑点输出；二是对尚未收货的物资，通过基建或生产业务系统、ERP 系统提取项目信息，若当前审计日期超过竣工后规定时日作为疑点输出。

2. 数据提取与分析

对上述两类情况，分别从企业数据中台中提取结构化数据。一是对已经收货的物资，以项目定义作为关联字段，提取 ERP 系统最晚收货日期及竣工日期、基建或生产业务系统竣工日期作为判定字段，分别计算最晚收货日期与三个系统竣工时间的相差天数，根据审查逻辑确定疑点数据，并同步提取成本中心、项目名称、采购订单、采购订单项目、物料、物料组、物料描述、数量、计量单位、货款（不含税）、收货数量、收货金额等 12 个字段，作为描述疑点数据具体信息的支撑字段。二是对尚未收货的物资，同样以项目定义作为关联字段，提取三个系统的竣工日期作为判定字段，分别计算当前审计日期与三个系统竣工日期的相差天数，根据审查逻辑确定疑点数据，并同步提取成本中心、项目名称、采购订单、采购订单项目、物料、物料组、物料描述、数量、计量单位、货款（不含税）等 10 个字段，作为支撑字段。

该审计模型可应用于会计信息质量+内控审计中，用于发现被审计单位工程报账滞后、工程物资收货手续办理滞后等问题，疑点准确率 100%。深入分析问题产生的深层原因，从严控工程尾工、加强业务数据治理等多方面加强管理，实现了审计监督与业务管理的高效互动，以审计监督促进公司治理能力提升。实践证明，数字化审计技术，能够实现对电网企业多种数据进行多角度、全方位的追溯和智能分析，促进企业健康发展。

（三）用电质量不高问题治理

1. 审计概况

××企业一直整治台区供电质量不高的问题，大面积停电情况几乎不发生，但是局部客户用电质量不高的问题仍然存在，多户无电以及供电质量不高的情况时有发生。公司内审机构将“压降用电质量不高”作为数字化审计的首要任务，与相关业务部门一体联动，利用数据中台构建客户供电质量不高数字化审计模型，扎实开展相关数据分析，将客户供电质量不高的根源摸清查透，最终锁定生产性大修项目疑点数据，为用电质量不高问题治理提供指向性建议。

2. 具体做法

（1）提取客户停电数据，首先通过数据中台将业务系统中的电能表掉电事件、电能表计量点关系表、计量点关系、变压器档案等表进行关联，实现线路–台区–客户–电能表的数据贯通，然后在关联后的数据中选取出需要的字段（线路名称、台区名称、客户名、客户编号、停电时间等），形成目标企业在审计时段内完整的客户停电数据。

（2）识别用电质量不高的客户，通过数据中台对第一步形成的客户停电数据进行筛选，筛选出单次停电 3 分钟以上，且累计停电次数达到 3 次及以上的客户数据，以此排除可能由电能表本身问题带来的短时掉电事件，并将此类客户列为用电质量不高的客户。

（3）确认高风险台区，对用电质量不高客户的停电数据进行二次筛选，筛选出存在 5 个及以上供电质量不高客户的台区，并将此类台区列为高风险台区，形成高风险台区清单。

（4）通过数据中台从生产业务系统获取审计时段内的大修项目信息，并实现项目设备名称与台区名称的对应，最终形成包含“项目名称、项目年度、实施内容、实施单位、对应台区名称”等字段信息的完整大修项目中间表。

（5）锁定大修项目疑点，将大修项目数据里面的台区名称与高风险台区清单进行比对，提取出包含高风险台区名称的大修项目数据，锁定16个大修项目疑点，内审机构据此对疑点项目开展现场审计。

3. 审计成效

在现场审计过程中，审计人员进一步分析高风险台区下的用电质量不高客户占比情况，发现此类客户占所在台区全部客户比例均在50%以下，而台区未发生整体供电质量不高的问题。由此可见，引起客户用电质量不高的原因不是线路和台区变压器本身，而是台区内部分低压设备导致的。因此，向被审计公司的生产管理部门提出审计建议：在供电质量不高治理的过程中要更加注重对低压设备的改造质量。

通过审计模型的成熟运用，该公司供电质量不高的发生率同比压降47%，充分发挥了数字化审计“监督+服务”的作用。

第七章

电网企业工程审计数字化管理

随着信息技术的发展和应用，电网企业工程项目陆续开始应用数字化手段管理，数字化技术的发展推动电网企业的变革，工程审计自身也需要顺应时代，借助数字化手段管理，以期实现提高审计效率、降低成本、优化风险管理目标。本章主要对电网企业工程审计数字化管理的目的和意义进行阐述，详细介绍工程审计数字化管理的内涵，并以电网企业工程审计平台系统为例介绍工程审计数字化管理应用情况。

第一节　电网企业工程审计数字化管理的目的和意义

一、电网企业数字化管理的目的

随着信息技术的发展和应用，越来越多的行业开始借助数字化手段进行管理。在电网工程审计领域，数字化管理也逐渐得到广泛应用。

电网企业数字化管理的目的有：

1. 提高审计效率

传统的电网工程审计往往需要人工处理大量数据和信息，耗费较多时间、精力，而数字化管理可以实现自动化处理，能够快速地完成数据采集、整理、分析和报告等过程，大大提高了审计效率。通过数字化手段，审计人员可以更加便捷地获取审计对象的相关信息，减少了烦琐的手工操作，节省了时间和人力成本，提高了工作效率。数字化审计管理还可以通过数据挖掘和分析技术，帮助审计人员快速识别异常情况和潜在风险，提高审计精度，降低审计遗漏和错误率。

2. 优化审计流程

数字化审计管理可以帮助电网企业优化审计流程，包括检查清单、审计流程、审计报告等，提高审计流程的标准化和规范化，减少不必要的重复工作和纸质文件的使用，提高审计效率。数字化审计管理还可以通过建立审计数据库和知识库，帮助审计人员快速获取历史数据和经验，提高审计效率和精度。

3. 增强风险管理能力

数字化审计管理可以通过建立风险评估模型和监控系统，帮助电网企业及时发现和识别潜在的风险和危机，提高风险管理能力。数字化审计管理还可以通过提供实时数据和分析报告，帮助电网企业及时调整业务策略和决策，降低风险损失。

4. 强化数据安全性

数字化审计管理可以加强对敏感数据的管理和保护，包括权限控制、数据备份和恢复、防火墙等，确保数据的完整性、保密性和可用性，防止数据泄露和滥用。数字化审计管理还可以通过建立审计日志和追溯系统，帮助审计人员追踪和分析数据的来源和去向，增强数据安全性和可信度。

5. 实现信息共享

数字化审计管理可以实现不同部门之间的信息共享和协作，包括财务、业务和风险等方面的信息交流和协作，提高内部沟通和协调能力，促进业务流程的协同和优化。数字化审计管理还可以通过云平台等技术手段，实现跨地域、跨部门的信息共享和协作，促进企业内外的合作和发展。

电网企业数字化审计管理的目的既包括提高审计效率和精度，又包括优化审计流程和风险管理能力，强化数据安全性和实现信息共享，其意义和价值不仅在于帮助电网企业规范和标准化业务流程，更在于提升企业的竞争力和可持续发展能力，为国家经济建设和社会进步做出积极贡献。

在以数字新基建为引领的当下，数字化已经成为各行各业争先竞技的手段。如何将传统审计与数字化理念进行充分结合，通过对工程数字化审计链条、组织方式、作业方式的持续优化，从而实现通过数字化对工程审计由“抽查”向“全覆盖”、由“抽样” 向“全样本”、由“事后”向“事中”的转型提升尤为重要。

以“大后台、强前端”的信息化工程审计理念为基础，结合工程审计现有工作流程的管理需要、功能优化建议及业务深度拓展的信息化需求等现状，为工程审计相关人员搭建高效使用的工程审计联动协同作业工具，提高工程审计人员的工作效率、改善工程审计流程流转情况、实现信息化审计监管成效。真正实现信息共享、全程控制、在线监督和辅助分析“四项功能”，防范各类工程管理风险。

二、电网企业数字化管理的意义

数字化审计管理对于电网企业来说至关重要。数字化审计管理可以帮助企业提高效率、降低成本、改进风险管理和增强数据安全性，同时还能够促进企业的内部协作，提高决策的科学性和准确性。因此，电网企业应当加强数字化审计管理，以提高企业的竞争力和可持续发展能力。

电网企业数字化审计管理的意义包括：

1. 优化内部控制和风险管理

数字化审计管理可以帮助电网企业建立科学合理的风险评估模型和监控系统，及时发现和识别潜在的风险和危机，提高风险管理能力。数字化审计管理还可以通过提供实时数据和分析报告，帮助电网企业及时调整业务策略和决策，降低风险损失。数字化审计管理还可以通过建立预警机制和应急响应体系，帮助电网企业及时应对突发事件和风险挑战。数字化审计管理还可以加强对敏感数据的管理和保护，确保数据的完整性、保密性和可用性，防止数据泄露和滥用，进一步提高内部控制和风险管理水平。

2. 推进信息化建设

数字化审计管理可以促进电网企业的信息化建设，包括数据中心建设、云计算技术应用、大数据分析等。数字化审计管理还可以帮助电网企业建立全面的信息安全体系，包括网络安全、数据备份和恢复、防火墙等措施，确保数据的完整性、保密性和可用性。数字化审计管理还可以通过建立审计数据库和知识库，提高审计效率和精度，同时也为企业的决策提供更加准确的数据支持。

3. 促进数据共享和开放

数字化审计平台可以协调不同部门之间的工作，并加强信息共享和沟通，从而促进跨部门合作。通过数字化审计工具，企业可以更好地掌握各个部门的运营情况和绩效表现，从而帮助企业实现更高效的内部管理。

4. 提供更准确的报告

数字化审计系统可以实现数据自动分析和可视化，从而提供更准确和可靠的报告，以帮助企业做出更好的决策。数字化审计报告可以根据需要定制，包括图表、财务报告、经营报告等，使管理人员可以更好地理解和分析企业的运营状况。

第二节　电网企业工程审计数字化管理内涵

一、工程审计数字化管理基本情况

工程审计数字化管理是电网企业重要的环节之一。它可以提高审计效率、优化风险管理和数据安全性，促进部门协作和提供准确报告等优点，同时也存在一些挑战需要解决。因此，企业应积极推广数字化管理，并不断完善数字化工具和技术支持，以更好地实现数字化审计的目标。

1. 工程审计数字化管理内涵

工程审计数字化管理是一种利用数字化技术对工程项目进行审计管理的方法。这种管理方式可以提高审计效率、降低成本、优化风险管理和增强数据安全性，同时还可以促进跨部门合作和提供更准确的报告。

含义：工程审计数字化管理是指利用数字化技术对工程项目进行审计管理的过程。它包括了采集、处理、存储、分析和展现工程数据等多个环节，可以帮助企业快速、准确地获取各个环节的数据，从而更好地管理电网工程项目。

2. 工程审计数字化管理的特点

工程审计数字化管理具有以下特点：

（1）自动化：数字化工具可以自动完成数据收集、分析和处理等工作，大大减少人工干预。

（2）高效性：数字化工具可以快速、准确地处理大量的数据，提高审计效率和质量。

（3）数据安全性：数字化工具可以加密数据，并确保只有授权人员才能访问数据，从而提高数据安全性。

（4）可视化：数字化工具可以将数据以图表、报告等形式呈现，更直观、易懂。

（5）个性化：数字化工具可以根据企业自身需要进行定制，更加符合企业的实际需求。

二、工程审计数字化管理的优势与挑战

工程审计数字化管理是利用现代信息技术对工程项目进行全面的审计管理，将传统的人工操作转变为数据自动处理和分析。它可以提高审计效率、降低成本、优化风险管理和增强数据安全性，促进跨部门合作和提供更准确的报告。虽然数字化管理在很多方面有着明显的优势，但也存在一些挑战需要克服。

1. 优势

（1）提升审计效率：数字化审计工具能够自动采集、处理和分析大量数据，可大幅提高审计效率，及时发现问题并给出解决方案。

（2）优化风险管理：数字化审计系统实时监控关键指标，自动分析数据，并且根据数据分析来确定潜在的风险，可以帮助企业识别潜在的风险和问题，并采取相应的预防措施。

（3）增强数据安全性：数字化审计工具可以加密数据，并确保只有授权人员才能访问数据，从而提高数据安全性。数字化审计系统还可以记录访问日志、提供审计跟踪和监管报告，帮助企业发现并处理任何潜在的数据滥用和违规行为。

（4）促进跨部门合作：数字化审计工具可以协调不同部门之间的工作，加强信息共享和沟通，从而促进跨部门合作。通过数字化审计工具，企业能够更好地掌握各个部门的运营情况和绩效表现，从而帮助企业实现更高效的内部管理。

（5）提供更准确的报告：数字化审计工具可以利用数据自动分析和可视化的方式，提供更准确和可靠的报告，以帮助企业做出更好的决策。数字化审计报告可以根据需要定制，包括图表、财务报告、经营报告等，使管理人员可以更好地理解和分析企业的运营状况。

2. 挑战

（1）高昂的成本：数字化审计系统需要大量的投资来购买和维护，包括硬件设备、软件应用、网络通信等方面的费用。

（2）技术标准不统一：由于数字化审计系统的开发和推广由各个企业独立进行，技术标准和应用方法存在不一致的问题，导致数字化审计系统之间缺乏互操作性和整合性。

（3）数据保护难度大：数字化审计系统需要对数据进行全面的保护，避免数据泄露和滥用，这对企业来说是一个巨大的挑战。

（4）人员素质要求高：数字化审计系统的应用需要技术水平高、经验丰富的专业人员来进行管理和维护。

（5）可能存在数据误差：虽然数字化审计系统可以加快审计效率，但在数据处理过程中可能会出现误差，这需要审计人员进行人工核查和纠正。

为了更好地实现数字化管理的目标，企业应该加强数字化工具和技术支持的研发，进一步完善数字化审计系统的功能和性能，并加强人才培训和管理等方面的工作。此外，应严格遵守有关法律法规，采取有效措施保护数据安全和隐私，并通过不断优化数字化管理模式和方法来提高数字化管理的效益和可靠性。

三、工程审计数字化管理实现方法

工程审计数字化管理是利用现代信息技术对工程项目进行全面的审计管理，将传统的人工操作转变为数据自动处理和分析。实现方法包括三个方面：

1. 数字化工具

数字化工具是指用于采集、处理和分析数据的软件和硬件设备，主要包括数据采集器、数据库系统、数据分析软件、网络通信设备等。

（1）数据采集器：在数字化审计系统中，数据采集器是最基本的设备。它可以收集来自各种设备和传感器的数据，如温度、湿度、压力、电力数据等，并将这些数据传输到数据库系统中。数据采集器通常使用无线传输方式，操作简单、易于运维。

（2）数据库系统：数字化审计系统使用数据库系统来存储各种数据。数据库系统可以处理非结构化和结构化数据，支持多用户同时访问和数据交换。数据库系统还具有数据备份、恢复和安全保护等功能。目前，企业普遍采用关系型数据库系统，如 Oracle、SQL Server 等。

（3）数据分析软件：数字化审计系统使用数据分析软件来分析和处理数据。数据分析软件能够提供多种模型和算法，例如回归分析、聚类分析、时间序列分析等，以及可视化工具，例如柱状图、饼状图等，来展示数据和分析结果。

（4）网络通信设备：数字化审计系统需要使用网络通信设备来保障数据传输安全和效率。网络通信设备包括路由器、交换机、防火墙等。

2. 技术支持

技术支持是指利用现代技术手段来实现数字化审计管理的过程，主要包括以下几个方面：

（1）云计算技术：云计算技术可以提供高性能、高可靠性的计算资源和存储服务，可以为数字化审计系统提供更好的支持。

（2）大数据技术：大数据技术可以帮助数字化审计系统快速处理各类数据，并进行数据挖掘和分析。

（3）区块链技术：区块链技术可以提高数字化审计系统数据安全性和隐私保护水平。

（4）人工智能技术：人工智能技术可以为数字化审计系统提供更加智能化的数据处理和决策支持。

（5）物联网技术：物联网技术可以将各种设备和传感器连接到数字化审

计系统中，获取更多的数据源，提高数据收集和分析的效率。

3. 人力资源

人力资源是指利用专业技术人员来实现数字化审计系统的开发、运维和管理。数字化审计系统需要具备相关领域的专业知识和技能，例如电力系统、建筑工程等。为此，企业需要拥有一支具有高水平的 IT 技术团队和审计专业团队，包括：

（1）IT 专业人员：负责数字化工具和技术的开发和维护，包括软件设计师、数据科学家、网络工程师等。

（2）审计人员：负责数字化审计系统的日常操作和维护，包括审计师、风险管理师等。

（3）管理人员：负责数字化审计系统的规划、协调和监管，包括项目经理、运营管理人员等。

电网企业应该根据自身情况，选择适合自己的数字化工具和技术支持，并加强人力资源的培养和管理，建立完善的管理体系和流程，从而实现工程审计数字化管理的目标。

第三节　电网企业工程审计平台系统

一、工程审计平台构建的重要意义

工程审计平台构建是指利用现代信息技术和审计专业知识，将传统的人工操作转变为数据自动处理和分析，构建起完善的工程审计数字化审计系统平台。工程审计平台具有以下重要意义：

审计手段信息化是审计工作创新的重要组成部分，近年来电网企业在全面预算管理基础上，积极推进审计手段信息化体系创新研究与应用建设，进一步拓展审计作业信息化范围，满足审计创新工作需要。通过深化建设项目审计管理系统，与各业务应用系统紧密衔接，实现审计关口前移，变事后审计为“事前、事中、事后”的全过程审计，加大实时审计监督力度，增强审计工作的实效性和穿透力。创新了审计工作手段，充分发挥审计的内控监督作用，优化审计资源，推进审计工作标准化，提高审计效率和质量。

工程建设管理关系到党中央政策落实、国网战略落地、公司重大决策部署、公司重大资金投入，长期以来一直是审计署及上级单位检查关注的重点，影响着公司发展的质量和效益，同时也是各类风险高发领域。为了进一步规范工程审计流程，控制审计质量及项目成本，提升审计“两算”效率，自动获取工程审计所需相关数据，建设审计报审管理、审计过程管理和审计数据分析“三位一体”的工程建设管理审计，亟需利用数字化手段强化工程审计管理建设及应用。为了将工程项目审计流程融入工程管理过程管控中，与工程数据实现共享，做到所有工程投资审计项目“全口径、全流程、全类型”地实现报审管理、过程管理和数据分析，实时将工程结算审计数据以多种方式展示并推送至各级管理层，推动工程结算进度，有效促进系统与实际业务深度融合；同时加强对中介机构审计质量的现场管控及审计过程跟踪，实现工程项目审计工作的源头审计、过程审计和事后审计，达到公司工程项目审计信息共享、全程控制、在线监督和辅助分析“四项功能”的工作要求。

二、工程审计平台的内容

1. 构建的基本原则

工程审计平台构建的基本原则是指在数字化审计系统开发和实施的过程中，需要遵循一定的设计原则和规范，以保证数字化审计平台能够在使用中发挥最佳效果。以下是工程审计平台构建的基本原则：

（1）安全与可靠性。

数字化审计平台具有高度的安全性和可靠性，必须采用先进的安全技术手段，确保数据不被非法获取、篡改或破坏。数字化审计平台必须具备完善的权限管理、访问控制、数据备份和恢复等功能，以便及时处理各类突发事件。

（2）用户友好性。

数字化审计平台应该具有良好的用户体验，易于操作和管理，并且提供清晰的界面和功能。数字化审计平台还应该具备良好的可扩展性，能够根据用户需求进行扩展和升级。

（3）数据化与标准化。

数字化审计平台应该将审计数据和信息全部数字化，并采用标准化的数据格式和模板，以便数据能够共享和交换。数字化审计平台应该采用标准的数据采集和分析方法，以便数据得到更好的质量保障和处理效率。

（4）敏捷性与灵活性。

数字化审计平台应该具备良好的敏捷性和灵活性，能够适应工程项目管理的动态变化和复杂性。数字化审计平台需要支持多种数据源和数据类型，并提供快速响应和处理能力。

（5）开放性与互联性。

数字化审计平台应该具备开放性和互联性，能够与其他系统进行数据交换和接口对接。数字化审计平台还应该支持多种数据格式和数据协议，以便与各种数据源和系统进行数据交换和共享。

（6）可维护性与可扩展性。

数字化审计平台应该具备良好的可维护性和可扩展性，能够根据需求进行升级和扩展。数字化审计平台需要采用可重用的组件和模块，简化系统开发和维护成本，提高系统可靠性和稳定性。

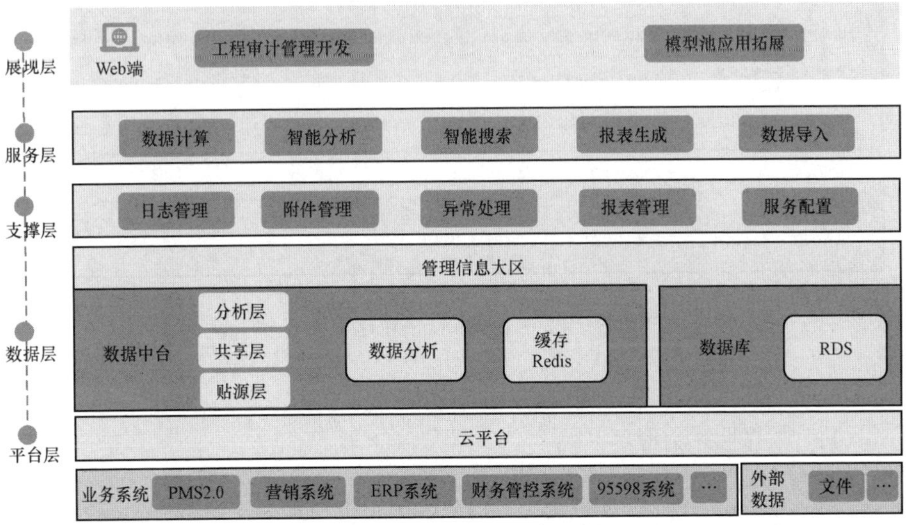

图 7－1　数字化审计平台架构

（7）性能与效率。

数字化审计平台应该具有高性能和高效率，能够快速地处理大量的数据和信息。数字化审计平台需要采用先进的数据处理和分析技术，确保数据的质量和效率。数字化审计平台还应该根据不同的业务需求和用户需求，提供不同的服务水平和性能指标。

2. 工程审计平台具体内容

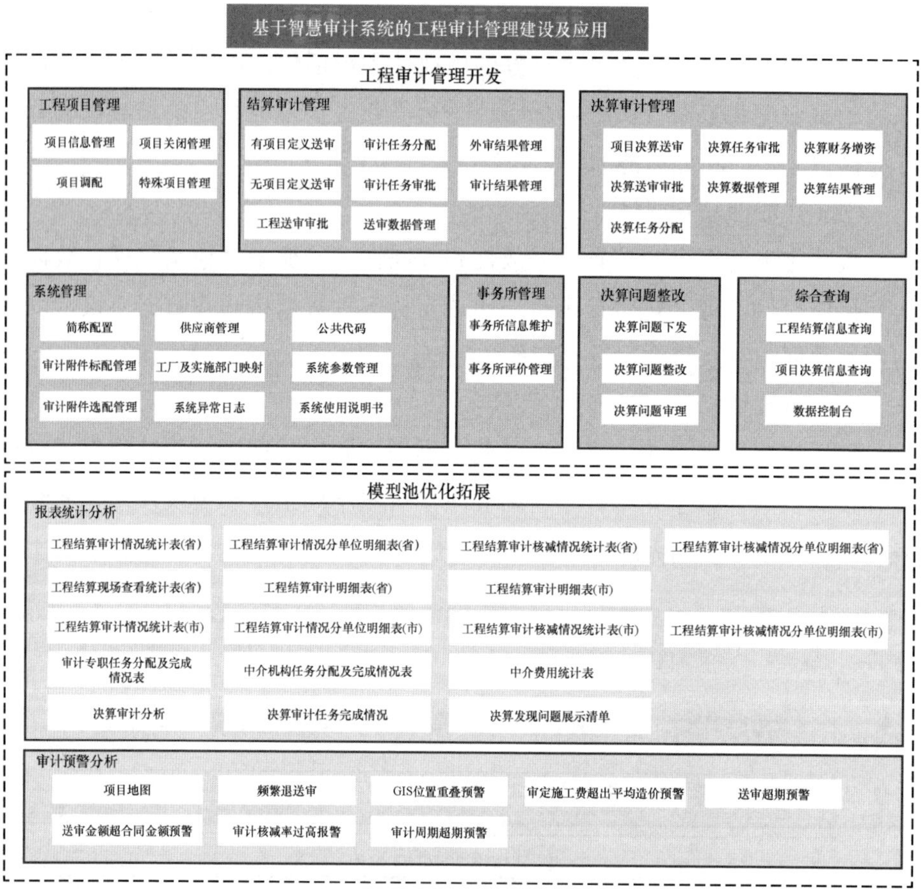

图 7-2 工程审计平台建设内容

3. 工程数字化审计实操

（1）典型业务流程。

“两算”审计业务流程控制。

① 结算送审流程（简易框架描述）。

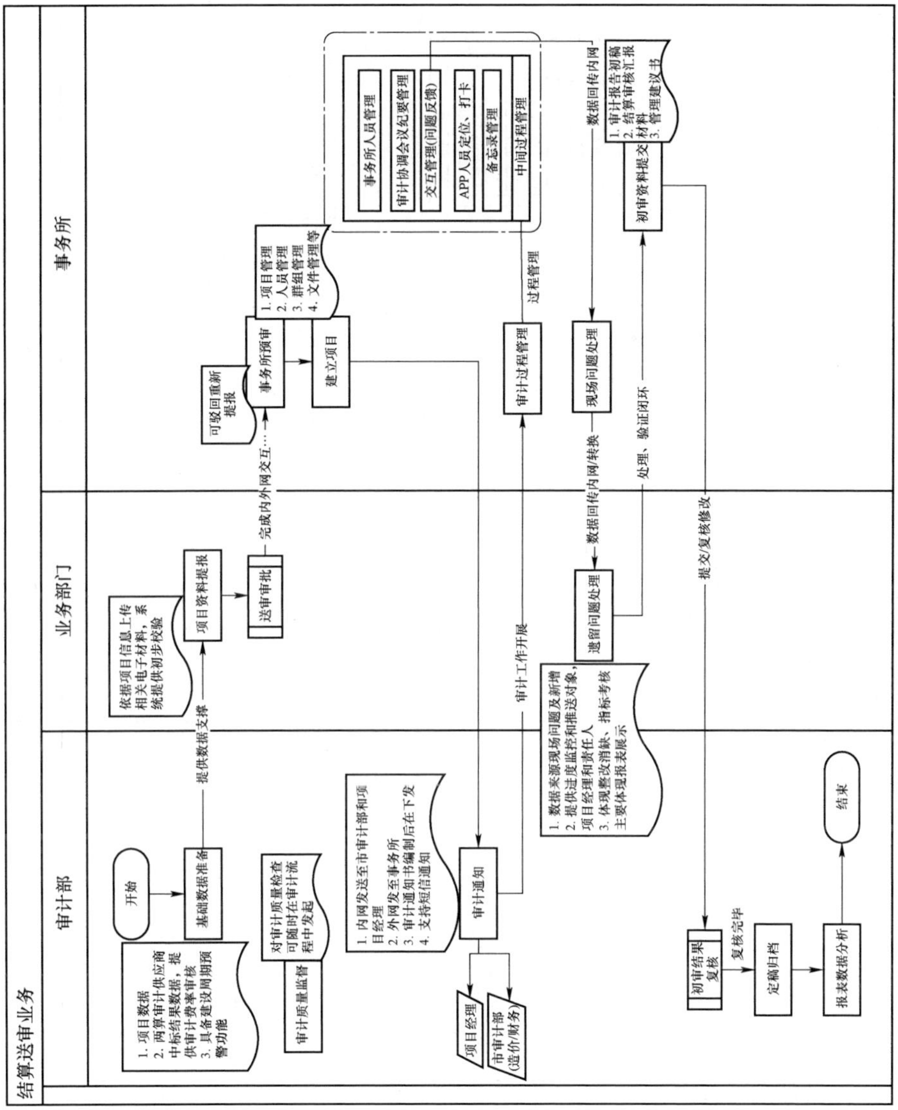
结算送审业务
审计部
业务部门
事务所
开始
基础数据准备
1. 项目数据
2. 两算审计供应商中标结果数据，提供审计费率审核
3. 具备建设周期预警功能
对审计质量检查可随时在审计流程中发起
审计质量监督
提供数据支撑
依据项目信息上传相关电子材料，系统提供初步校验
项目资料提报
送审审批
完成内外网交互…
可驳回重新提报
事务所预审
建立项目
1. 项目管理
2. 人员管理
3. 群组管理
4. 文件管理等
事务所人员管理
审计协调会议纪要管理
交互管理(问题反馈)
APP人员定位、打卡
备忘录管理
中间过程管理
过程管理
审计过程管理
审计工作开展
1. 内网发送至市审计部和项目经理
2. 外网发至事务所
3. 审计通知书编制后在下发
4. 支持短信通知
审计通知
项目经理
市审计部(造价/财务)
数据回传内网
现场问题处理
数据回传内网/转换
遗留问题处理
1. 数据来源现场问题及新增
2. 提供进度监控和推送对象，项目经理和责任人
3. 体现整改消缺、指标考核主要体现报表展示
处理、验证闭环
初审资料提交
1. 审计报告初稿
2. 结算审核汇报材料
3. 管理建议书
提交/复核修改
初审结果复核
复核完毕
定稿归档
报表数据分析
结束

图 7－3　结算送审流程图

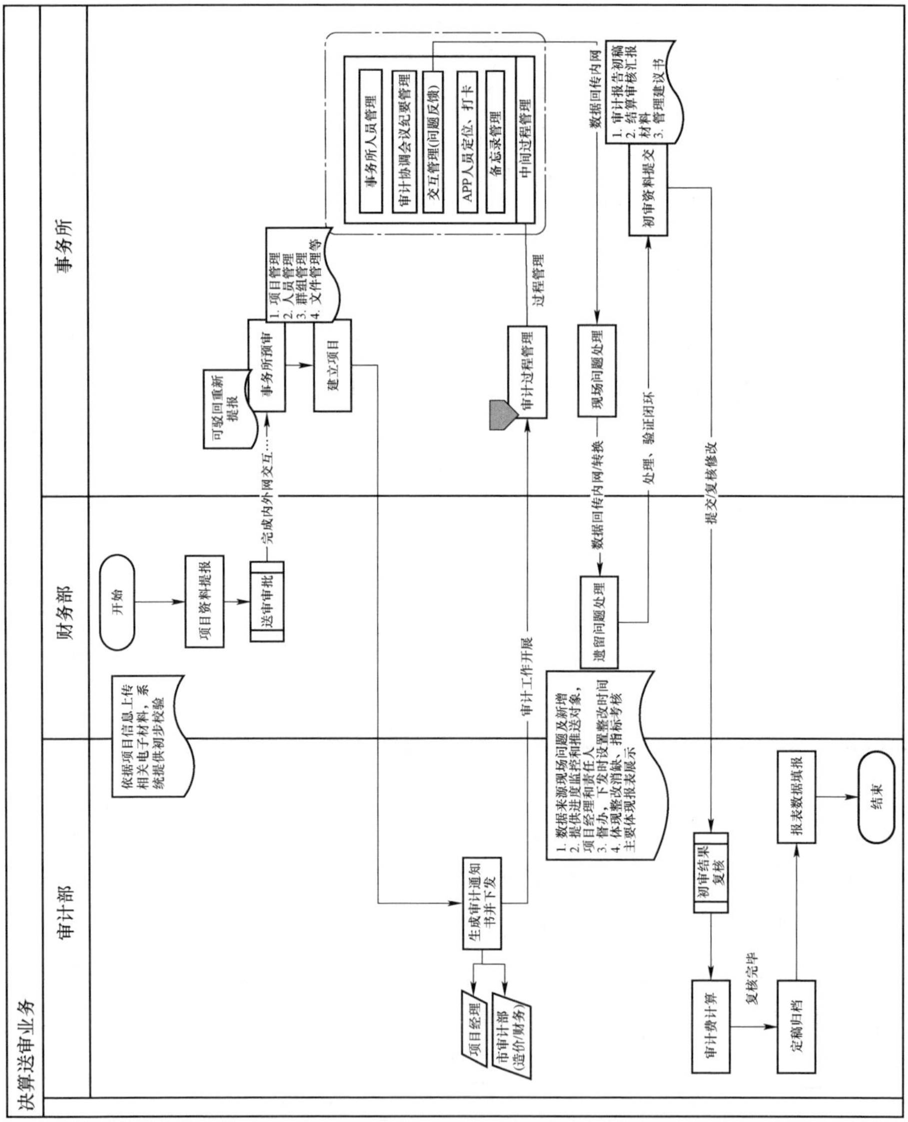
决算送审业务
审计部
财务部
事务所
开始
依据项目信息上传相关电子材料，系统提供初步校验
项目资料提报
送审审批
完成内外网交互…
可驳回重新提报
事务所预审
1. 项目管理
2. 人员管理
3. 群组管理
4. 文件管理等
建立项目
事务所人员管理
审计协调会议纪要管理
交互管理(问题反馈)
APP人员定位、打卡
备忘录管理
中间过程管理
生成审计通知书并下发
项目经理
市审计部(造价/财务)
审计工作开展
审计过程管理
过程管理
1. 数据来源现场问题及新增
2. 提供进度监控和推送对象，项目经理和责任人
3. 督办，下发时设置整改时间
4. 体现整改消缺、指标考核主要体现报表展示
遗留问题处理
数据回传内网/转换
现场问题处理
数据回传内网
处理、验证闭环
初审资料提交
1. 审计报告初稿
2. 结算审核汇报材料
3. 管理建议书
提交/复核修改
初审结果复核
审计费计算
复核完毕
定稿归档
报表数据填报
结束

图 7-4　决算送审流程图

② 决算送审流程。

（2）工程项目管理。

送审工程项目管理，原则上工程项目信息通过中台推送系统，数据来源为 ERP；各地市业务部门需根据实际情况进行项目送审，若存在特殊情况项目无法追溯，可先行新增维护，后续系统会依据项目定义号进行自动更新。同时地市公司可以依据本地市项目情况，对不同项目类型的项目进行信息管理、项目关闭管理、特殊项目管理以及项目调配。

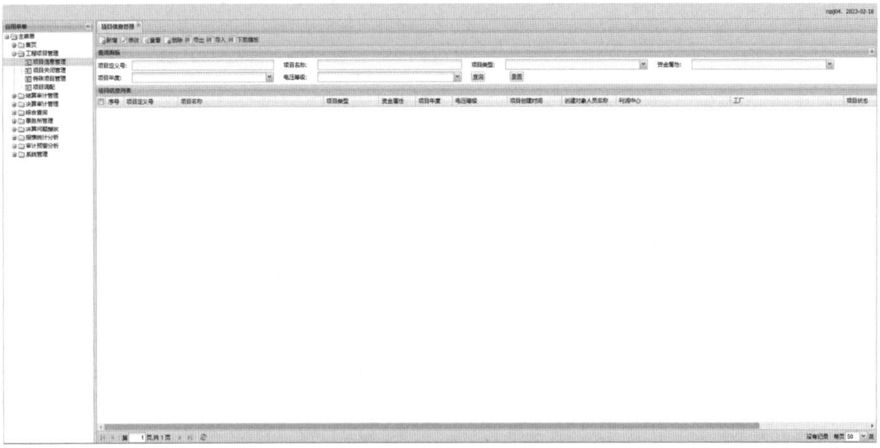

图 7－5　工程项目管理

（3）结算审计管理。

涵盖结算审计整个流程下所有功能，从业务部门发起结算送审开始到审计部门审核关闭审计项目结束的所有节点功能，包含有项目定义送审、无项目定义送审、工程送审审批、审计任务分配、审计任务审批、送审数据管理、外审结果管理和审计结果管理。

结算报审流程，按照实际业务场景需要，包含有项目定义送审和无项目定义送审。主要以项目定义号为入口，通过送审人手动填写或批量导入、系统自动生成三方面获取数据，完成送审项目信息录入后，将数据传达到审计人员手中，由审计人员便捷、快速地完成事务所分配、审计任务委派、外审结果管理以及审计结果管理工作。

（4）决算审计管理。

涵盖决算审计全流程，从业务部门发起决算审计送审到审计部门审核及关闭审计项目结束的所有节点功能，具体包含项目决算送审、决算送审审批、决算任务分配、决算任务审批、决算数据管理、决算财务增资和决算结果管理。

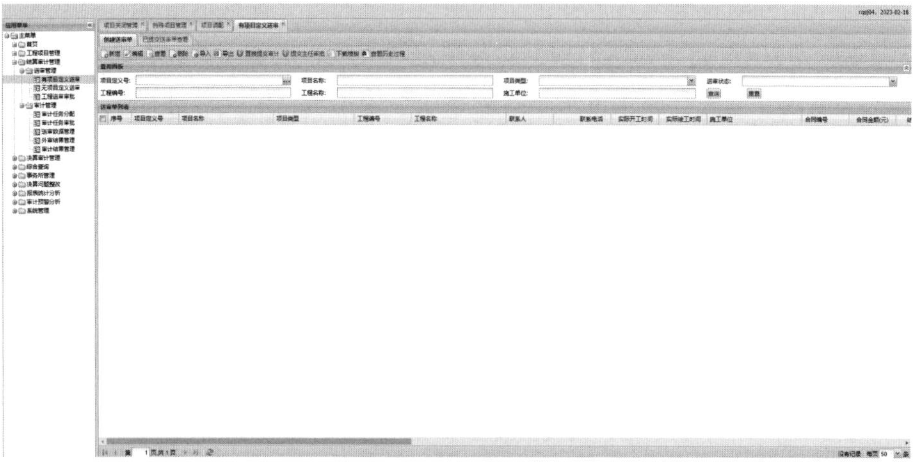

图 7－6　结算审计管理

决算报审流程，按照实际业务场景需要，实现决算报审业务在送审与审计人员之间进行流转，同时完善工程项目决算报审口径，实现决算项目审计的全口径管理与全流程的跟踪管理；在审计人员在收到送审项目后，可便捷、快速地完成事务所分配、决算任务审批、决算数据管理，决算结果管理以及决算财务增资工作。

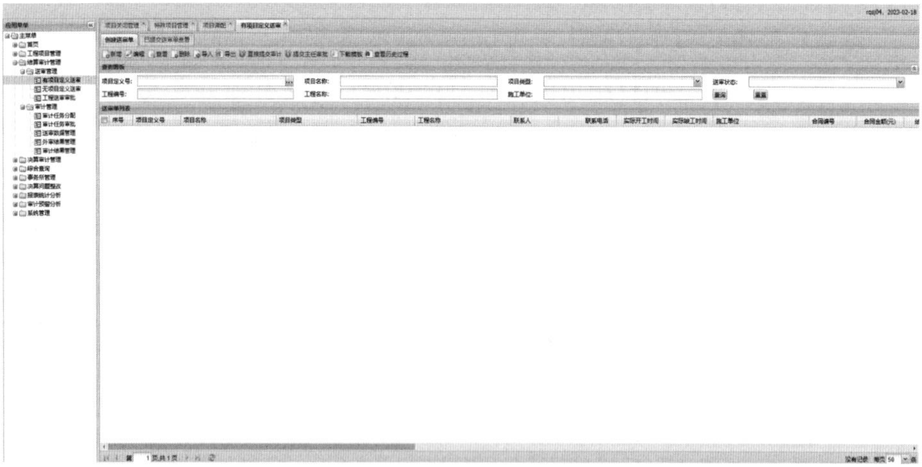

图 7－7　决算审计管理

（5）综合查询。

主要包含工程结算查询、项目决算查询与数据控制台功能。用来获取送审项目的主要信息与送审状态。查询要素主要包括：项目类型、一二级单位、送审部门、下达年度、项目定义号、项目名称、工程编号、工程名称、审计方式、事务所、施工单位、送审状态和时间类型、开始与结束时间。

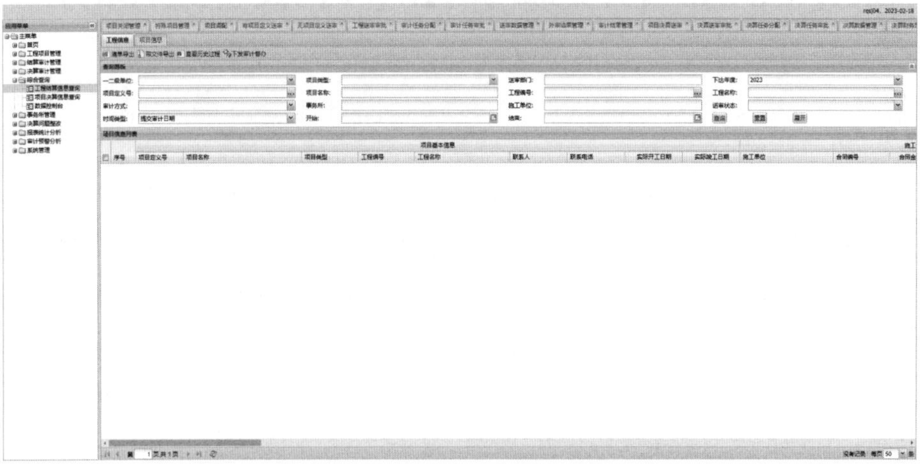

图7－8　综合查询管理

第八章

电网企业工程数字化审计展望和探索

以大数据、云计算、物联网、移动互联网、人工智能、区块链、机器人流程自动化、光学字符识别为代表的数字化技术，正在对企业经营管理产生着巨大和深远的影响。本章重点对数字化技术下电网企业工程数字化审计进行了展望和探索，阐述了在工程业务管理方面项目、工程前期一体化，项目部向标准化转型升级，施工单位向专业化转型升级，作业方式向机械化转型升级，管理手段向数字化转型升级；在数字化审计向数智化审计转变方面审计数据覆盖范围更广泛、审计采用技术更加智能、审计结果应用更加智慧。

第一节　数字化技术展望

1. 大数据

大数据指的是所涉及的数据量规模大到无法利用现行主流软件工具，在一定的时间内实现收集、分析、处理或转化成为帮助决策者决策的可用信息。

特点：数据体量巨大，从 TB 级别跃升到 PB 级别。处理速度快，这与传统的数据挖掘技术有着本质的不同。数据种类多，有图片、地理位置信息、视频、网络日志等多种形式。价值密度低，商业价值高，存在单一数据的价值并不大，但将相关数据聚集在一起，就会有很高的商业价值。

2. 云计算

云计算是一种按使用量付费的模式，这种模式提供可用的、便捷的、按需的网络访问，进入可配置的计算资源共享池，这些资源能够被快速提供，只需投入很少的管理工作，或与服务供应商进行很少的交互。

特点：云计算是一种计算模式，具有时间和网络存储的功能；是一条接入路径，通过广泛接入网络以获取计算能力访；是一个资源池，服务提供商的计算资源，通过多租户模式为不同用户提供服务；是一系列伸缩技术，在信息化和互联网环境下的计算规模可以快速扩大或缩小；是一项可计量的服务，资源的使用情况可以通过云计算系统检测、控制、计量，以自动控制和优化资源使。

3. *物联网*

物联网是指通过各种信息传感器、射频识别技术、全球定位系统、红外感应器、激光扫描器等各种装置与技术，实时采集任何需要监控、连接、互动的物体或过程，采集其声、光、热、电、力学、化学、生物、位置等各种需要的信息，通过各类可能的网络接入，实现物与物、物与人的泛在连接，实现对物品和过程的智能化感知、识别和管理。

特点：整体感知，可以利用射频识别、二维码、智能传感器等感知设备感知获取物体的各类信息。可靠传输，通过对互联网、无线网络的融合，将物体的信息实时、准确地传送，以便信息交流、分享。智能处理，使用各种智能技术，对感知和传送到的数据、信息进行分析处理，实现监测与控制的智能化。

4. *移动互联网*

移动互联网是移动和互联网融合的产物，继承了移动随时、随地、随身和互联网开放、分享、互动的优势，是一个全国性的、以宽带 IP 为技术核心的，可同时提供话音、传真、数据、图像、多媒体等高品质电信服务的新一代开放的电信基础网络。

特点：交互性，用户可以随身携带和随时使用移动终端，在移动状态下接人和使用移动互联网应用服务。便携性，移动终端小巧轻便、可随身携带两个特点，人们可以装入随身携带的书包和手袋中。隐私性，移动终端设备的隐私性远高于 PC 的要求，信息保护程度较高。定位性，有别于传统互联网的典型应用是位置服务应用。娱乐性，丰富的应用为用户的工作、生活带来更多的便利和乐趣。局限性，应用服务在便捷的同时也受到了来自网络能力和终端硬件能力的限制。强关联性，其业务内容和形式需要匹配特定的网络技术规格和终端类型，具有强关联性。身份统一性，移动互联用户自然身份、社会身份、交易身份、支付身份通过移动互联网平台得以统一。

5. 人工智能

人工智能是研究、开发用于模拟、延伸和扩展人的智能的理论、方法、技术及应用系统的一门新的技术科学，它企图了解智能的实质，并生产出一种新的能以人类智能相似的方式做出反应的智能机器，该领域的研究包括机器人、语言识别、图像识别、自然语言处理和专家系统等。

特点：人工智能从人工知识表达到大数据驱动的知识学习技术；从分类型处理的多媒体数据转向跨媒体的认知、学习、推理；从追求智能机器到高水平的人机、脑机相互协同和融合；从聚焦个体智能到基于互联网和大数据的群体智能；从拟人化的机器人转向更加广阔的智能自主系统。

6. 区块链

区块链是利用块链式数据结构验证与存储数据，利用分布式节点共识算法生成和更新数据，利用密码学的方式保证数据传输和访问的安全、利用由自动化脚本代码组成的智能合约，编程和操作数据的全新的分布式基础架构与计算范式。

特点：去中心化，通过分布式核算和存储，各个节点实现了信息自我验证、传递和管理。开放性，数据对所有人开放，任何人都可以通过公开的接口查询区块链数据和开发相关应用。独立性，基于协商一致的规范和协议，所有节点能够在系统内自动安全地验证、交换数据。安全性，只要不能掌控全部数据节点的 51%，就无法肆意操控修改网络数据，避免了主观人为的数据变更。匿名性。除非有法律规范要求，各区块节点的身份信息不需要公开或验证，信息传递可以匿名进行。

7. 机器人流程自动化

机器人流程自动化是以软件机器人及人工智能为基础的业务过程自动化科技。机器人流程自动化系统是一种应用程序，它通过模仿最终用户在电脑的手动操作方式，提供了另一种方式来使最终用户手动操作流程自动化。

特点：流程机器人软件的目标是使符合某些适用性标准的基于桌面的业务流程和工作流程实现自动化，一般来说这些操作在很大程度上是重复的，数量比较多的。成功部署具有以下好处：更高的运营效率，节省时间并释放员工的能力；增强准确性，可审计性，监视，跟踪和控制业务流程执行；可扩展且灵活的增强型“虚拟”员工队伍，能够快速响应业务需求；协作和创新的文化。

8. 光学字符识别

光学字符识别是指电子设备检查纸上打印的字符，通过检测暗、亮的模式确定其形状，然后用字符识别方法将形状翻译成计算机文字的过程；即针对印刷体字符，采用光学的方式将纸质文档中的文字转换成为黑白点阵的图像文件，并通过识别软件将图像中的文字转换成文本格式，供文字处理软件进一步编辑加工的技术。

特点：提高效率，相比传统的人工方式，能够更快实现信息录入。降低成本，以机器代替人工，能够节省人力成本的开销。适用性强，能够实现多场景和多语言的识别，还能通过提取图像中的文本分析其所包含的语义信息，为机器理解图像提供高层语义线索。

第二节　工程业务管理展望

1. 工程前期一体化

实施可研和设计一体化管理，实现可研和设计有效衔接，确保可研和设计单位的一致性、重大技术原则的统一性、可研和设计管理工作的连续性，促进项目核准，推进工程建设。按照“三个一”的原则，分工合作、协同推进、优势互补。一个设计单位：通过可研和设计一体化招标，一并确定项目各个标包的承担单位，负责可研、初步设计和施工图设计等全过程咨询工作。一个技术方案：公司明确的技术原则和设计方案在可研、初步设计、施工图设计阶段一以贯之，避免重大变更。一条工作主线：将可研和设计工作作为一个整体，贯穿始终、各有侧重、阶段递进，前期管理部门会同建设管理部门组织开展可研，可研评审意见印发后，建设管理部门会同前期管理部门组织开展设计。

2. 项目部向标准化转型升级

业主项目部标准化建设。明确项目部设置规范，结合管理力量、建设任务、项目类型、项目特点等实际情况，建立相匹配的业主项目部，依据标准化手册落实项目部七类岗位人员，清晰管理职责界面，压实管理责任，编制工程类责任清单，以项目管控实际成效挂钩项目部管理人员薪酬，借助“现场检查、远程监控”等管控手段，提升安全管控实效。

标准化施工项目部建设。深化工程全过程管控平台系统应用，推进施工过程数字化转型，全程监控项目安全、质量、进度、造价及合规情况。严抓驻地和现场安全管理、施工进度管理，施行工程分段施工法，自动研判工程实际进度。严抓工艺质量管理，规范施工自检、施工质量问题整改，规范工程项目试验报告、工程自检报告等资料管理。

标准化监理项目部建设。明确监理单位、监理人员核心工作，明确人员承揽项目资金上限。利用 PMS3.0 配网工程全过程管控模块和基建全过程综合数字化管理平台，对监理核心工作进行评价，加大监理规划和实施细则编制、安全风险控制、施工方案和施工计划审查、施工企业资质和人员资格审查、监理旁站、工作巡查等工作中监理履职稽查。规范监理日志、旁站监理记录表等资料管理。

3. 施工单位向专业化转型升级

技能精湛的施工单位。严格企业资质审查，明确施工单位专业技能、技术人员数量配置下限，确保施工力量充足。培育架空作业、电缆作业、带电作业、试验作业等专业技能人员，鼓励施工单位取得中级工及以上技能等级证书。树立精品意识，争创百佳工程，树立一批示范标杆，全面提升工程建设成效。

装备优良的施工单位。强化施工单位装备标准化配置，明确工器具、机械装备、试验设备配置，优选装备配置优良的施工单位。分年度推进、引导施工单位加强综合不停电作业和低压不停电作业装备配置，全面提升不停电作业能力。

管理规范的施工单位。建立健全施工单位人员、装备、物资、安全、质量、进度等管理制度，加强四化应用、固化施工作业流程。严控施工分包比例，培育多工种复合型技能人才，提升工程自主实施比例。进一步深化履约评价，深化“一项目一评价”年度考核结果应用。

4. 作业方式向机械化转型升级

推进机械化作业。加强施工单位能力和机械装备水平，加大吊车、电缆展放机等施工机械配备，引导施工企业打造“机械化施工为主、劳务施工为辅”的作业模式。推广挖坑立杆一体化作业车、无人机放拆线、多功能施工车、钻孔机等新型机械装备应用，全面拓展机械化作业范围。

推进装配化作业。推广环网箱、箱变基础标准化预制工作，解决工程土建施工周期长、环保监管严的问题。深化电网设备预制件应用，通过成套化配送至施工现场，完成预制部件装配化施工，有效降低安全风险和现场污染、减少现场作业人员、预防质量通病。

推进不停电作业。不停电就是最好的服务，与传统的停电作业方式相比，不停电作业可以在不间断提供电能的基础上对配电线路进行维护和检修，具有更高的稳定性、可靠性和安全性。提升施工单位配网不停电作业能力，强化配网不停电作业现场安全管控，推进不停电作业队伍精益化、专业化、产业化管理，扩大县域配网和工程施工不停电作业范围。

5. 管理手段向数字化转型升级

施工线上管控。全面应用工程全过程管控系统，实现工程全过程线上管控。完善参建人员信息库，强化作业计划管控，严抓无计划作业，线上推送待办业务，自动预警督办超期任务。

数据自动归集。深化应用工程全过程管控系统，实时采集设计、施工、验收等过程信息，结构化勘察记录、工作许可、交底记录、三措一案、施工图、开竣工报告、验收记录、现场签证、设计变更申请单等工程档案资料归档，实现施工进度、参建人员信息、工程规模、物料清单等关键信息线上统计、一键展示。

施工智能监管。应用系统归集工程过程资料，实现施工进度滞后、作业风险管控不到位、过程资料缺失等情况自动预警。应用工程全过程管控系统快速校核作业人员信息，采集现场关键工艺照片，自动识别工艺缺陷。三级及以上风险作业现场使用智能视频终端，实现违章行为智能研判。

第三节 数字化审计向数智化审计转变

1. 审计数据更广泛

内部数据全面覆盖。优化完善审计中间表数据的标签处理和权限管理，确保能够按需、快速、精准获取业务数据；拓展审计数据覆盖范围，加强直属单位、省管产业等未覆盖领域审计中间表建设与数据接入。

外部数据不断拓展。购买工商、天气等外部数据来拓展数据来源，建立升级改造系统的数据溯源及快速获取机制，依托企业平台打通外部数据获取通道，实现所有二级业务系统数据的无障碍获取。

深度挖掘各类数据。在审计云数据标准体系中应用知识图谱技术建设以核心业务场景为中心的关系图，而不再以审计中间表为中心，以其组成部分、上下游单元和易产生的审计风险为扩展，以数据为纽带，最后形成网状图，深度挖掘企业边缘或暂未发现其价值的角落数据。

2. 审计技术更智能

人工智能分析数据。应用基于人工智能的大数据模型辅助审计人员学习、编写代码，开展数据分析。基于非结构化转换平台实现诸如审计项目“三重一大”制度建立与执行合规性、合同文本数据等非结构化数据批量提取分析。

模型精度更加精准。构建包含流程机器人、知识图谱、自然语言处理、非结构化转换平台、BI 工具、审计画像工具等于一体且具备小模型训练能力的云智工具超市，与智能化平台深度融合，与数据中台相互调用，提升审计模型精度。

资源匹配更加高效。智能搜索引擎高效匹配审计人员的搜索需求，推荐相关内容，辅助发现更多有价值的信息，如在审计组组建阶段，能够根据人员项目经验、专业特长来自动匹配，实现对审计人力、物力资源的自动推荐和分配。

3. 审计应用更智慧

业务云上贯通。审计计划、项目执行、审计作业、现场取证、整改跟踪等业务环节全云上贯通，支撑按照不同业务类型、不同审计对象自由随需配置审计方案、审计程序、审计事项、审计模型、审计报告等要素，满足项目管控与项目作业需求。

结果自动输出。“一键式”自动生成数据分析疑点工单和数据分析报告，应用“知识图谱+AI”技术，以智能检索、智能填充、智能问答等方式实现审计智慧库与审计中间表目录的智能关联和辅助智能作业，自动编写审计记录、底稿和审计报告。

成果共享复用。在人工少量介入的情况下，由数智化审计云平台自动生成模型和场景，全面支撑各单位按业务场景快速迭代，对审计智慧库等共享知识型数据智能复用，实现审计服务应用在全公司范围内共享复用，更好地服务企业高质量发展。

参考文献

［1］李竹青. 电网企业数字化审计标准化实务［M］. 北京：中国电力出版社，2022.

［2］蔡华林. 电网企业内部审计标准化实务［M］. 北京：中国电力出版社，2016.

［3］国网安徽省电力有限公司. 电网数字化发展知识手册［M］. 北京：中国电力出版社，2021.

［4］李建峰，李晓钏，赵剑锋. 工程项目审计［M］. 北京：机械工业出版社，2021.

［5］刘涵宇. 数字化思维：传统企业数字化转型指南［M］. 北京：机械工业出版社，2022.

［6］刘继承. 数字化转型 2.0：数字经济时代传统企业的进化之路［M］. 北京：机械工业出版社，2021.

［7］张杰，吴明辉. 知识中台：数字化转型中的认知技术［M］. 北京：机械工业出版社，2022.

［8］吴守荣，任英伟. 工程项目管理［M］. 北京：机械工业出版社，2021.

［9］程广华. 数字化审计实务指南［M］. 北京：人民邮电出版社，2021.

［10］高雅青，李三喜，薛慈允. 工程项目审计实务指南［M］. 北京：人民邮电出版社，2021.